Allahım Ben Geldim

Namaz Kılmak İçin 10 Harika Sebep

.... / .... / ....

Hayykitap - 666
Yaşasın Gençler - 7

Allah'ım Ben Geldim
Hatice Kübra Tongar

Kapak Resmi: Mümine Yeşilmen
Kapak ve Sayfa Tasarımı: Turgut Kasay

ISBN: 978-605-7674-68-5
1. Baskı: İstanbul, Şubat 2020
5. Baskı: İstanbul, Nisan 2020

Baskı: Yıkılmazlar Basım Yay.
Prom. ve Kağıt San. Tic. Ltd. Şti.
15 Temmuz Mah. Gülbahar Cad. No: 62/B
Güneşli - İstanbul
Sertifika No: 45464
Tel: 0212 630 64 73

Hayykitap
Zeytinoğlu Cad. Şehit Erdoğan İban Sk.
No: 36 Akatlar, Beşiktaş 34335 İstanbul
Tel: 0212 352 00 50 Faks: 0212 352 00 51
info@hayykitap.com
www.hayykitap.com
facebook.com/hayykitap
twitter.com/hayykitap
instagram.com/hayykitap
Sertifika No: 12408

Hatice Kübra Tongar

Allah'ım Ben Geldim

Namaz Kılmak İçin 10 Harika Sebep

Hatice Kübra Tongar

Orta öğretimine Kadıköy Anadolu İmam Hatip Lisesi Süper Lise Bölümü'nde başlayan Hatice Kübra Tongar, başörtüsü problemi nedeniyle okulu bırakıp imam hatip eğitimini açık öğretim lisesinde tamamladı. Anadolu Üniversitesi Sosyoloji Bölümü ve İstanbul Üniversitesi Çocuk Gelişimi (Onur Derecesi) Bölümü'nde lisans eğitimi gördü. Bezm-i Âlem Vakıf Üniversitesi'nde Aile Danışmanlığı teorik, pratik ve süpervizyon eğitimini okul ikincisi olarak tamamlayarak 'Aile Danışmanı' unvanını aldı. Arel Üniversitesi'nde Psikoloji (Yüksek Onur Derecesi), Üsküdar Üniversitesi'nde Çocuk Gelişimi (Yüksek Onur Derecesi) alanında yüksek lisans yaptı. Deneyimsel Oyun Terapisi, Theraplay Oyun Terapisi, Projektif Çocuk Testleri, Kısa Süreli Çözüm Odaklı Terapi gibi pek çok terapistlik eğitimi aldı.

Yazı yazmak, ilkokul yıllarında başlayan kompozisyonlarla birlikte hep hayatında oldu. Makaleleri çeşitli dergilerde yayımlandı. *Milat* gazetesinde haftalık köşe yazarlığı yaptı. Çocuğa dair birçok projenin metin yazarlığını yürüttü. Türkiye'nin ilk interaktif çocuk CD projesi olan 'Muallim Çocuk'un metinlerini yazdı. Ulusal radyo ve televizyon kanallarında pek çok çocuk eğitimi programı hazırlayıp sundu.

2009 yılından itibaren toplam 20 kitabı yayınlandı. *Bağırmayan Anneler* kitabı yüz binlerce annenin başucu eseri oldu. Yayımlandığı ilk iki yıl 'Türkiye'nin en çok okunan çocuk eğitim kitabı' unvanını aldı.

Kısa sürede milyonlarca kişiye ulaşan 'Bağırmayan Anneler' sosyal medya hesabında annelerle buluşmaya devam eden Tongar, Türkiye'nin dört bir yanında seminerler veriyor. Ve her daim 'eş' ve 'annelik' rollerini layığıyla yerine getirme duasını sürdürüyor...

Hayykitap'tan yayımlanan kitapları:
Allah'ım Ben Geldim, Şubat 2020
Bağlanma Günlüğü, Ocak 2020
Çocuklarımızla İtişmeyelim İletişelim, Eylül 2019
Üç Çocuk Bir Rüya Peygamberimi Anlat Bana, Şubat 2019
Bağırmayan Çocuklar, Ekim 2018
Kardeş Kardeş Geçinen Çocuklar Yetiştirmek, Mayıs 2018
Neee? Kümese Yeni Bir Civciv mi Geliyor?, Mayıs 2018
Yarışı Yavaşlar Kazanır, Ocak 2018
Korkutarak Değil Sevdirerek Din Eğitimi, Eylül 2017
Bağırmayan Anneler, Nisan 2017
İlk 12 Ayda Bebeğin Gelişimi Beslenmesi Oyunları, Şubat 2017
1-5 Yaş Çocuğunun Gelişimi Beslenmesi Oyunları, Şubat 2017
Çocuk Eğitiminde 100 Mucize Çözüm, Ekim 2016
Allah'ı Arayan Çocuk, Ekim 2016
Ben Ne Biliim?, Şubat 2016
Başımın Üstünde Yerin Var, Ekim 2015
Fıtrat Pedagojisi 2: Peygamberlerin Çocuk Eğitim Metotları, Ekim 2015
Fıtrat Pedagojisi, Şubat 2015

Ümmetin, alnı secde iziyle parlayan
tüm güzel yavrularına...

BU KİTAPTA NELER VAR?

Kıl Olma Kul Ol

Bu kitabı yazdım çünkü namazı sorgulamanı istedim. Evet evet, yanlış okumadın.

İstedim ki, otur, al başını iki elinin arasına ve enine boyuna düşün. Sor kendine, 'Neden namaz kılıyorum, neden namaz kılmalıyım' diye...

Çünkü sormazsan tam anlamıyla iman etmiş olmazsın.

Çünkü sormamak, cevabı bulmamak demektir.

O zaman da iş ezbere döner. Günde beş defa seccadene yatıp kalkarsın ama neden yaptığını bilmediğin için bundan lezzet almakta zorlanırsın.

Ondan sonra da 'uff puff'lar başlar, yan çizmeler zigzag gider.

Ben bu soruyu kendime çok sordum.

'Neden namaz kılıyorum' diye çok kafa yordum.

Aslında önce anneme sordum.

— Anne, biz neden namaz kılıyoruz?

— Çünkü Allah emretti.

— Tamam da, neden emretti?

— Tövbe tövbe, nedense neden! Emretti işte! Hiç hikmetten sual olunur mu?! Sus da namazını kıl!

Annem böyle 'Kıl, kıl, kıl' dedikçe ben de onun sözünü tuttum. Namaza 'kıl' oldum çünkü aklımda cevaplanmamış onlarca soru vardı ve arkadaşımla oyun oynarken eve gidip namaz kılmak çok zor geliyordu. Kendimce haklıydım yani!

Sonra büyüdüm.

Büyüdükçe fark ettim ki, mesele üç-beş hareket yapıp birkaç sure okumaktan çok daha derin.

Ondan sonra 'kıl' olmayı bıraktım ve 'kul' olmayı seçtim.

Bu kitapta seninle kıllıktan kulluğa uzanan yolculuğumu paylaşacağım.

'Neden namaz kılmalıyım' sorusuna verdiğim birkaç cevabı yüreğinin dehlizlerine bırakacağım.

Bunlar benim cevaplarım ve inanıyorum ki sana *kendi cevaplarını* bulman için yol açacaklar.

Hiç olmadı namaz için düşünmeye başlamış, kafa yormuş, 'Neden namaz kılmalıyım' sorusunun cevabını aramaya gayret etmiş olursun.

Bu kadarı bile güzeldir.

Çünkü sen de biliyorsun ki her arayan aradığı cevabı bulamaz.

Ama cevap bulanlar sadece *arayanlardır.*

Şimdi hazırsan seninle bir yolculuğa çıkıyoruz.

Aracımız **seccade**

Yol, **bir ömür**

İstikamet **cennet**

Sıkı tutun, başlıyoruzzzzzzzzz!

Hangi Takımı Tutuyorsun?

Şimdi seni bundan yıllar yıllar ve hatta daha uzun yıllar öncesine götüreceğim. O kadar eski bir zaman ki, Âdem Peygamber henüz yaratılmamış bile. Düşün yani, o derece eski yıllar. Sadece melekler ve cinler var. Dünya yeni yaratılmış. Fırından çıkmış taze simit gibi dumanı üstünde.

O derece taze ve yeni. Henüz dünyanın en şerefli misafiri 'insan' yaratılmamış. Dolayısıyla öyle çöp dağları, küresel ısınma falan da yok meydanda.

Sonra yeri ve göğü, dağları ve denizleri, hayvanları ve bitkileri, geceyi ve gündüzü, meyveleri ve sebzeleri, yağmuru ve bulutları, karı ve güneşi, gölleri ve nehirleri, seni ve beni —yani her şeyi ve herkesi— yaratan yüce Allah cennetteki meleklere bir haber verir:

'Ben yeryüzünde bir halife yaratacağım...' (Bakara/30)

Melekler şaşırırlar. Ama Allah'ım, derler, biz seni sürekli tespih ediyoruz. Bazılarımız sürekli secdede, bazılarımız kıyamda, bazılarımız rükûda... Hepimiz bu halimizle sürekli senin emrindeyiz. Dünyada kan dökecek ve fitne çıkaracak birini mi yaratacaksın? *(Bakara/30)*

Yüce Allah meleklere cevap verir:

'Şüphe yok ki, ben sizin bilmediklerinizi bilirim.' *(Bakara/30)*

Melekler sözlerine hemen pişman olurlar. Rablerinin kararına saygıyla teslim olurlar.

Ve Allah Hz. Âdem'i yaratır.

İlk insan, ilk peygamber, ilk 'adam' yaratılmış olur.

Allah, Âdem Peygambere eşyanın hakikatini öğretir. Yaratılmış varlıkların yaratılış gayesi, eşyaların oluşum süreçleri, doğa olaylarının sebepleri, yeryüzünde yaygınlaşacak tüm mesleklerin bilgisi öğretilir Adem Peygambere...

Hz. Âdem'e öğretilen bu bilgi o zamanlar kimsede yoktur. Ne melekler ne de cinler Âdem Peygamberin bilgisine sahip değildirler.

Yüce Rabbimiz melekleri ve cinleri çağırıp Adem Peygambere öğretilen bilgileri sorar. Ne melekler, ne de cinler bu sorulara cevap veremezler.

Güzel Rabbimiz aynı soruyu Âdem Peygambere sorar. Hz. Âdem, eşyanın ismini ve hakikatini bir bir anlatır. Bu öyle bir bilgeliktir ki, Adem Peygambere yaratılmış her zerrenin yaratılış sırrı öğretilmiş, zihnine kodlanmıştır. Daha sonraki yıllarda insanlığın yapacağı tüm meslekler, işler ve buluşlar Hz Adem'in bu bilgeliğinden diğer insanlara aktarılacaktır.

Adem Peygamberin bu bilgeliği karşısında melekler ve cinler çok şaşırırlar. Ve Allah'ın emrini duyarlar:

'Âdem'e secde edin...' (Bakara/34)

Melekler ve cinler Âdem Peygambere secde ederken, arkalarda secde etmeyen ve bu emirden hoşlanmadığını her haliyle belli eden biri vardır: *'İblis...'*

İblisin özgeçmişine bakarsak aslında çok eğitimli olduğunu, hatta zamanının âlimi sayılabilecek bir bilgide olduğunu görürüz. Ama bilgisi onu 'bilgeliğe' ulaştırmamış, aksine Allah'ın 'yap' dediğine kafa tutacak bir cahilliğe sürüklemiştir. Akılsız şey işte!

Neyse konuyu dağıtmayayım... İblis bacak kadar boyuna bakmadan itiraz eder:

'Ben ondan üstünüm! Beni ateşten yarattın, onu çamurdan yarattın' gibi kıskançlık dolu cümleler kurar. *(Sad/76)*

İşte o an olanlar olur. İblisin adı değişiverir. Anlamı 'düşman' olan bir ismi olur: *'Şeytan!'*

Sonra Allah şeytanı cennetten kovar:

'O halde çık cennetten! Artık kovuldun! Kıyamete kadar rahmetimden uzak kalacaksın,' der. *(Sad/77-78)*

Ve şeytan o meşhur süreyi ister. Der ki,

'Rabbim! O halde insanların yeniden diriltileceği güne kadar bana zaman ver. Göreceksin ki, samimi kulların hariç, insanların hepsini yoldan çıkaracağım...' *(Sad/79-82-83)*

Olayların buraya kadarki kısmını zaten bildiğini düşünüyorum. Gözündeki o ışığı gördüm ben. Çok zeki bi çocuksun, belli.

Şimdi zekânı gösterebilmen için sana bi soru soracağım?

Hazır mısın, soru geliyorrrrrr...

'Hangi takımı tutuyorsun?'

— Bunda zekâ gerektirecek ne var? Fenerbahçeliyim.

— Olmadı. Yanlış cevap!

— Galatasaray?

— Yine olmadı.

— Beşiktaş? Trabzonspor? Başakşehir?

— Hayır, Hayır ve hayır.

— Cevabı buldummmm, Milli Takımlıyım!

— Hayır, aradığım cevap bu da değil. Ben en iyisi sana şıkları söyleyeyim.

Hikâyede gördüğün üzere aslında şu dünya üzerinde sadece iki tane takım var:

'İyilik-gücü ve Şeytan-idman yurdu'

Ne sandınnnn?

Sen, ben, biz, hepimiz şu an kıran kırana geçen bir derbi maçın içindeyiz. Hepimiz oyuncuyuz. Süremiz de 90 dakika değil, bir ömür! Hakemler, sağımızdaki ve solumuzdaki melekler. Yani 'Kiramen kâtibin'; hani günahlarımızı ve sevaplarımızı yazan melekler var ya! İşte onlar bu maçın hakemleri. Her pozisyonu, her atağı yazıyorlar.

Bizler iyilik yaptığımızda, ibadet ettiğimizde, Rabbimizin 'yap' dediklerini yapmak için gayret ettiğimizde... Hooooopppp İyilik-gücü gol atıyor ve derbide öne geçiyor. Ama tam tersi hareket edersek (ayyyyy Allah korusun) kötülük yaparsak, yalan söyler, ibadetlerimizi terk edersek, ne bileyim, ön sıramızda oturan Ayşe'nin saçına çaktırmadan sakız falan yapıştırırsak... O zaman Şeytan-idman yurdu gol atmış oluyor. Ve kötülük takımına bi puan yazılıyor.

Iyyyy evlerden ırak, hiç kötülük takımına puan kazandırmak ister misin?!

Yok canım, bence kesin sen İyilik-gücünü tutuyorsun.

Çok doğru bir takım.

Sıkı tut, sakın bırakma!

Hadi şimdi maçın skorunu öğrenelim:

– Ali, Ali topu aldı. Gole doğru gidiyor. Abdestini aldı, namaza duracak gibi gözüküyor sayın seyirciler. Namaza durursa gol olur. Duruyor mu, duruyor mu? Olamaz! Karşısına şeytan çıktı! Şeytana bi çalım, tekbirini aldı, ellerini kaldırdı. O da ne?! Şeytan yerlerde. Ali namaza durdu sayın seyirciler. Topu tam 90'a attı. Şeytan sedyeyle sahadan çıkarılıyor. Bacağı mı kırılmış ne! Ali, attığı golle şeytanın bacağını orta yerinden kırmış sayın seyirciler! İşte bu gol ayakta alkışlanır, şapka çıkarılır, şapka!

Şeytan-İdman Yurdunun İlk On Birinde Kimler Var?

Ortada bir takım varsa o takımın oyuncuları da vardır muhakkak.

İşte şimdi sana Şeytan-idman yurdunun ezeli transferlerini açıklıyorum.

Şok Şok Şok!

Son dakika!

Kalede; *'Kibir'*

Dünyanın en **kötü** kalecisi *kibirdir*. Ne zaman İyilik-Gücü gol atmaya çalışsa devreye girer. 'Sen şahanesin. Mükemmelsin. Her şeyi en iyi sen yaparsın. Herkes kötü, bir sen iyisin' cümleleriyle iyilik takımının golüne engel olur. Sevabını siler süpürür. Bu yüzden Şeytan-idman yurdunun kalesini takımın ilk gününden itibaren *kibir* korur.

Şimdi gelelim defanstaki **üç kötüye...**

Kibrin bir numaralı dostları, İyilik-gücü takımının yegane düşmanları, üç arkadaş olarak yan yana defansta yer alırlar: *'Dedikodu, gıybet ve haset'*

Dedikodu, başkasının hatalarını fark ettirir. 'Ay bak komşunun kazı aslında tavukmuş. Bunu herkese anlatmalısın' der. Gıybet de ona arkadaşlık eder.

Beraberce kötülüğü sağa sola yayarlar. Bu **iki kötüyü** en çok *haset* destekler. 'Allah neden ona şunu bunu vermiş ki? Bana versin! Onda olmasın bende olsun' diyerek İyilik-Gücünün enerjisini emer.

Orta sahada *Yalan, Riya ve İftira* arzı endam eder. Şeytan-idman yurdu bu **üç kötü** güçle atağa geçip forvetlerine pas verir ve gole gitmek ister.

Ve ön ikili; *'Hırs ve Açgözlülük'*

Bu **iki kötü** arkadaş hiç doymaz, sürekli gol atmanın peşinde koşar, 'Her şey bende olsun. Hep benim olsun. Başka kimsede olmasın, başka kimse doymasın' der.

Ve kötülük topu Şeytan-idman yurdunun ezeli forvetlerine gider: *'Şirk ve Şikayet'*

Şirk; 'Benim Rabbim sadece Allah değildir. Benim başka Rablerim de var. Allah'a ibadet eder gibi ibadet ettiğim, O'nu dinler gibi koşulsuzca dinlediğim, O'nu sever gibi sevdiğim başka şeyler de var' demektir.

Aman Allah korusun; şirk forveti sahaya girerse İyilik-Gücünün gol atma ihtimali çok düşük olur. Çünkü şirkin olduğu yerde iyilik olmaz. Küser gider. Oyun dışı kalır.

Diğer kötülük forveti ise, *şikayettir.*

Yani şükürsüzlüktür. Tüm nimetleri yaratan Rabbine teşekkür etmemek, onun yerine 'O niye böyle, bu niye şöyle' diye sürekli şikayet etme halidir. Ve çokkkkk kötü bir forvettir.

İşte namaz bizi tüm bu kötülerden koruyan, İyilik Gücü takımının resmi sponsoru olan bir kalkan gibidir.

Namaz *kibir* kalecisine tam 90'dan gol atar; çünkü insan Allah 'Secde et' dediği için başını secdeye koyar. Şeytanın 'Ben üstünüm' kibrinden uzaklaşır. Başını Rabbinin önünde tevazu ile eğer.

Namaz *dedikodu, gıybet ve haset* defansını deler geçer; namazda defalarca 'Sübhaneke' diyen insan tek kusursuz olanın Rabbi olduğunu, diğer tüm insanlar gibi kendinin de kusurlu olduğunu fark eder. Başkalarının hatasıyla, eksiğiyle uğraşmaz. Kimseyi üstün ya da büyük görmez.

Namaz *yalan, riya ve iftira* üçlüsüne çalım atıp geçer; günde 5 vakit Rabbinin huzurunda duran insan bu hallerde bulunmanın ağırlığını almaz üstüne. Olduğu gibi davranmaya gayret eder, 'kul' olduğunun bilinciyle hatalarından ders alır, yoluna devam eder.

Namaz *hırs ve açgözlülük* girdabına düşmeden ceza sahasına girer; 'Hep bana, hep bana' demenin anlamsız olduğunu, dünyanın bir sonu olduğunu, biriktirmenin önemsiz olduğunu fark ettirir.

Namaz *şirk* forvetini saha dışına iter; insan her namaz kıldığında 'Allah'ım ben senin kulunum. Bu yüzden yalnız sana ibadet eder, yalnız senden yardım isterim' demiş olur. Şirk forveti maç dışı kalır.

Namaz *şikayet* oyuncusunu ofsaytta bırakır; çünkü her namaz bir şükürdür. İnsanı, insan olarak yaratan güzel Rabbimize bir teşekkürdür. İnsan hasta da olsa, yoksul da kalsa, belki zor zamanlardan geçse ya da sıkıntılar da yaşasa namazını bırakmaz. Böylece Rabbine 'Güzel Allah'ım bana verdiğin ömrü, bana verdiğin şekilde, tam da bana verdiğin haliyle çok seviyorum. Yaşadığım her an için sana teşekkür ediyorum' demiş olur.

Hadi o zaman ser seccadeni, geç Allah'ın huzuruna, dua et Rabbine.

İyilik-Gücü takımı namazla atağa geçsin, gol üstüne goller atsın, ömür maçını hep o kazansın diye.

Peki Rabbimiz Şeytanı Neden Yarattı?

'Her şey iyi güzel de, Rabbimiz şeytanı neden yarattı?
Yani sonuçta şeytan olmasaydı, cehennem de
olmazdı.
Hatta belki dünyaya bile gelmemize gerek kalmazdı.
Cennette gül gibi geçinip giderdik.
Şeytan idman yurdu takımı hiç var olmazdı böylece'
diye düşünüyor olabilirsin.

Bu düşünceler de bizi şu gerçekliğe getirir:
'Aslında Allah (cc) şeytanı —*yani kötülüğü*— değil,
'seçme hakkını' yarattı. Ki biz bu hakka *cüz-i irade*
diyoruz.

Şöyle anlatayım.

Adem Peygamberin yaratılış kıssasını tekrar
hatırlayacak olursak; şeytan her şeyin başında 'Şeytan'
değildi. İlim irfan sahibi, çok bilgili, kerli ferli bir
varlıktı. Ta ki Allah'ın emrine karşı gelene, böbürlenip
'Ben ondan daha üstünüm. Ona secde etmem!'
demeyi *seçene* kadar! Yani Allah şeytanı 'Şeytan olarak'
yaratmadı, İblis'in emre uyup uymamayı **'seçme**
hakkını' yarattı.

İblis de akılsızlık etti ve Rabbinin emrine
uymamayı *seçti*, böylece düşman adını alıp şeytan
oldu. Tercihinin sonucunu yaşadı.

— *Ama ben insan olmayı seçmedim ki?! Allah beni böyle yarattı. Belki ben seçme hakkı istemeyecektim. Böylece melekler gibi hep cennette olurdum, ühü ühüüüü.*

Öncelikle bilmelisin ki, sen insan olmayı seçemezdin. Çünkü yoktun!

Allah'ın bize 'İnsan olmak mı, yoksa hayvan olmak mı istersin' diye sorabilmesi için önce bizi yaratması gerekirdi. O zamanda zaten yaratılmış ve bir şey olmuş olurdun. Hiç yaratılmamış, ortalıkta tek bir zerresi bile olmayan, 'yok' olan birine tercihi nasıl sorulur ki?

Hem farkında mısın, 'Ben insan olmayı seçmedim ki' derken bile bir 'seçim' hakkı istiyorsun Allah'tan. 'İnsan olmasaydım' demek, 'ne olacağımı ben seçseydim' demektir sonuçta. Yani yine *seçebilen* bir varlık olmayı seçiyorsun, haberin yok.

Diyelim ki bu mümkün oldu ve neyi 'seçeceğimiz' bize soruldu.

O zaman da yüzde bin milyar trilyon katrilyon eminim ki, yine *insan olmayı* seçerdik.

Bana inanmıyorsan, gel de birlikte düşünelim.

İnsan olmasak, başka ne olabilirdik?

Balık? Boğa? Öküz? At? Yılan? Kelebek? Böcek? Tırtıl? Aslan? Zürafa? Ayı mı olmak isterdik?

Yoksa insan olmak yerine; yerlerde yuvarlanıp duran bir taş, hareketsizce duran toprak, belki kesilecek ya da kuruyacak bir ağaç, tek mevsim gün ışığı görebilecek bir çiçek ya da rüzgarla oradan oraya savrulacak bir yaprak mı olmayı seçerdik?

Masa, sandalye, kağıt, kalem, koltuk, tahta falan da olabilirdik tabii, eğer istersek.

Ya da ne bileyim, belki insan olacağıma gökyüzünde asılı duran bir yıldız, alev alev yanan lav, yerine çakılı duran bir dağ ya da coşkunca akan bir nehir olsaydım da diyebilirdik.

Ama oturup şöyle bi düşününce; bence bütün bunları *seçmez* yine insan olmak isterdik.

Hatta sürekli cennette olup Rabbini zikreden bir

melek olmayı bile istemezdik bence.

Çünkü Allah'ı zikretmeyi *seçebilmek*, mecburen bunu yapıyor olmaktan çok daha büyük bir mesele.

Düşünsene;

Maç yaparken topu almak için sana faul yapan arkadaşına kötü sözler söyleyebilecekken, güzelce uyarmayı *seçmek*...

Dondurmayı mideye indirip çöpünü yere atabilecekken, bir çöp kutusu aramayı *seçmek*...

Sınavda koluna kopya yazıp hile yapabilecekken, çalışıp bileğinin hakkıyla not almayı *seçmek*...

Bir hata yaptığında annene 'ben yapmadım' diyebilecekken, doğruyu söyleyip 'özür dilerim' demeyi *seçmek*...

Yayalar için yeşil ışık yanmadan koşarak karşıya geçebilecekken, ışığın yanmasını bekleyip kurallara uymayı *seçmek*...

Ramazan ayı geldiğinde 'Ben daha küçüğüm' deyip yemekleri homini gırtlak midene yollayabilecekken, oruç tutup Allah'ın emrine uymayı *seçmek*...

Ezan okunduğunda oyununa ara vermeden devam edebilecekken, 'Ayy Rabbim beni çağırıyor' deyip seccadenin başına koşmayı *seçmek*...

İşte seni 'insan' yapan şey bu *seçimlerin*.

Hem de nasıl bir insan?

Meleklerden bile güzel...

Namaz Kılmayı Sen Seçtin!

Seçimlerden bahsetmişken sana bir şeyi hatırlatayım isterim.

Daha zaman yaratılmamış, dünya hayatı başlamamışken...

Sen dedenin ruhunu tıngır mıngır sallar iken...

Güzel Rabbimiz yer yüzünde yaratılacak tüm varlıkları huzuruna aldı. Dağlar, denizler, gökyüzü, hayvanlar ve insanlar Allah'ın huzurunda toplandılar. Ve Allah sordu:

'Ben sizin Rabbiniz değil miyim?' (Araf/172)

Tüm varlıklar hep bir ağızdan cevap verdiler:

'Evet, sen bizim Rabbimizsin.' (Araf/172)

Sonra Allah (cc) yeryüzünde bir halife yaratacağını, bu işin kolay olmadığını, imtihanlarla dolu olduğu, yeryüzünün adaletinin ve huzurunun ondan sorulacağını, koyulan kurallara uyulması gerektiğini anlattı tüm varlıklara. Ve sordu:

'Kim bu görevi üstlenmek ister?' (Ahzab/72)

Yer, gök, dağlar ve hayvanlar bu görevden çekindiler. Yapamamaktan korktukları için hiç ses etmeden beklediler. Tam bu sırada 'Ben yaparım Allah'ım. Senin istediğin gibi bir kul olurum. Yeryüzüne de sahip çıkarım. Adaletle yönetirim' diyen bir varlık çıktı ortaya!

'İnsan'

Yani sen, ben, biz hepimiz...

Rabbimizin huzurunda O'na (cc) güzel kulluk edeceğimize, 'Yap' dediği şeyleri yapıp, 'Aman kulum sakın bunu yapma' dediklerinden uzak duracağımıza söz verdik.

İnsan olmayı *seçtiğimiz* gibi, Allah'a kul olmayı ve ibadet etmeyi de biz *seçtik*.

Yani hiç 'Aman ben hatırlamıyorum, unuttum öyle mi demiştim' diye çamura yatma bence.

Ser seccadeni, tut Rabbine sözünü her gün güzelce...

Allah'ım Ben Buradayım!

Şimdi hayal et...

Çooookkkk sevdiğin bir arkadaşın seni ziyarete gelecek. Diyelim ki uzak bir şehirde oturuyor. Uçağı sabaha karşı 5-6 gibi inecek. Heyecandan gözüne uyku girmiyor. Sabahı zor ediyorsun. En güzel kıyafetlerini giyip koşuyorsun havalimanına. Hani yolcuların çıkış kapısının önünde insanlar misafirlerini karşılamak için beklerler ya... İşte orada heyecan içinde bekliyorsun. Sonra, az sonra, kapıdan arkadaşın çıkıyor. Kalbin çarpıyor, yüzüne kocaman bir gülümseme yayılıyor ve senin geldiğini görsün diye mutlulukla sesleniyorsun:

'Arkadaşım ben buradayım!'

Şimdi şu sahneyi canlandır gözünde...

Öğretmeniniz sınıfa sesleniyor. Diyor ki, 'Hafta sonu kurs açıyorum. Matematik dersinden geçmek isteyen kim varsa sabah 7'de sınıfta olsun. Yoklama alacağım!'

Sen sınıfa yetişebilmek için erkenden kalkıyorsun. Hızlıca giyinip, hafta sonu için yaptığın tüm planları erteliyorsun ve koşarak okula gidiyorsun çünkü matematikten geçmek senin için önemli. O yoklamada olman gerek! Öğretmenin sınıfa giriyor, yoklama

kâğıdını çıkarıyor. Sınıfta olan herkesin isminin
yanında (+) işareti koyarken, sınıfta olmayanlar (-)
alıyorlar. Sıra senin ismine gelince (+) almak için var
gücünle bağırıyorsun:

'Öğretmenim ben buradayım!'

Bir de şunu düşün istersen...

Annen mutfakta iş yapıyor. Koşarak yanına
sokuluyor ve en sevimli halinle bahçeye inmek için
izin istiyorsun. Annen diyor ki, 'Tamam in bahçeye,
ama sakın ön bahçeden ayrılma. Baktığımda seni
göreyim. Anlaştık mı?'

Anlaştıkkkk, diyorsun ve koşarak bahçeye
çıkıyorsun. Annene verdiğin sözün farkındasın.
Sözünü tutarsan, annen hep izin verir. Sözünden
dönersen annenin güvenini sarsmış olursun. Belki de
bir daha izin alamazsın. Bunu biliyorsun. Bu yüzden,
'Hadi arka bahçeye gidelim yaa,' diye aklını çelmeye
çalışan arkadaşına, 'Yok kanka, anneme söz verdim.
Burada oynayalım,' diyorsun. Annen arada camdan
bakıyor, göz göze gelince verdiğin sözü tutmanın
huzuruyla sesleniyorsun:

'Anne ben buradayım!'

Şimdi sana birkaç soru:

Arkadaşlar dostlarının yolunu gözlerler, onlar
heyecanla buluşmaya gelince sevinirler de, seni en
çok seven Rabbin yolunu gözlemez, sen heyecanla
seccadeni serdiğinde sevinmez mi?

O zaman ser seccadeni ve seslen:
'Allah'ım ben buradayım!'
Öğretmenler çalışan, sınavı geçmek için uğraşan öğrencilerinin isminin yanına (+) işareti koyarlar da, Allah hayat sınavını geçmek için gayret eden kulunun not defterine yıldızlı pekiyiler vermez mi?

O zaman namaz yoklamasına yazdır adını. De ki, *'Allah'ım ben buradayım!'*

Çocuğunun kendine verdiği sözü tuttuğunu gören anne ona daha çok güvenip daha çok özgürlük alanı açar da, kulunun verdiği sözde durduğunu gören Allah ona verdiği nimetleri arttırmaz mı?

O zaman namaz nimetiyle bereketlendir ömrünü. Kulluk sözünü unutmayan bir tondan konuş Rabbinle:
'Allah'ım ben buradayım!'

Okunan her ezana, vakti giren tüm namazlara böyle bak bence.

Şimdi Allah yoklama alıyor. Kimler seccadesinin başına koşacak diye bekliyor. Ona verdiğimiz sözde duracak mıyız test ediyor, diye düşün.

Sonra da şu ayeti al, as yüreğinin başköşesine:

'Gündüz güneşin gün ortasını aşmasından gecenin karanlığına kadar namaz kıl ve bir de sabah namazını; çünkü sabah namazı şahitlidir.' (İsra:78)

Şahit ol Allah'ım, işte geldim, *ben buradayım!*

Hiç düşünmüş müydün?

Namaz kılarken ayakta durup Elhamı Kulhuyü okuduğun bölüme 'kıyam' denir. Kıyamda durmak ayakta durabilecek herkes için farzdır. Yani Allah'ın emridir. Şimdi sana bir soru:
– Dünyanın sonunun geldiği güne ne denir?
– Kıyamet!
– Eveetttt, doğru cevap!

Peki, 'kıyam' ve 'kıyam–et' kelimeleri arasındaki benzerliği fark ettin mi?

Din büyükleri, dünyanın sonu gelip tüm insanlık bittiğinde yüce Rabbimizin insanlara 'Kıyam edin' (yani ayağa kalkın) diye sesleneceğini söyler. Eğer dünyadayken namazlarımızı kılmış, kıyam etmenin bir sürü tekrarını namaz sayesinde yapmışsak kıyam–et günü geldiğinde rahatlıkla ayağa kalkıp Rabbimize koşabileceğiz.

Yani bu dünyada kıyam edelim ki, kıyam–ette de rahat edelim.
De mi ama?

Allah Bizden Ne İster?

Şu hayatta her şeyin bi karşılığı var. Yani bir şeylere ulaşmak, sahip olmak için bi bedel ödemen gerekir.

Ne sandınnn?

Canın bir sakız çekse, markete gitsen... Bir avuç sakızı alıp hem de hiiiçççç para ödemeden öyle elini kolunu sallaya salaya çıkabilir misin marketten?

Bence deneme.

Marketteki kasiyer abi pek bi bozuk bakıyor haa, karışmam sonra!

Peki, diyelim ki bilgisayarın bozuldu. Ve yeni bir bilgisayar almak için babanı ikna ettin. Ne olur?

— *Ne olacak? Bilgisayar satan bir mağazaya giderim ve bilgisayarı alırım.*

Aynen öyle. Ve karşılığında da hatırı sayılır bir para ödersin. Üstelik ödediğin bu para sakıza ödediğin paradan çok daha fazladır. Çünkü sakızın yapım maliyetiyle bilgisayarın yapım maliyeti aynı olmadığı gibi, sakız olmasaydı hayatında eksik kalacak şeylerle bilgisayarın olmadığında hayatında eksik kalacak şeyler de aynı değildir.

Sakızın olmasa en fazla sakız çiğneyemezsin.

Bu yani.

Kaybın bu olur.

Ama bilgisayarın olmasa araştırma ödevlerinden çakıp, arkadaşlarının her birinin oynadığı ve okulda ballandıra ballandıra, 'Ben kaçıncı bölüme geçtim biliyon mu oluuummm,' diye anlattığı o süpersonik oyunlardan da mahrum kalmış olursun. Yani bi sakıza kıyasla kaybın çok çok daha büyük olur.

Şimdi gelelim sorumuza...

'Allah bizden ne ister?'

Bu soruyu cevaplamak için önce Allah'ın bize ne verdiğine bakalım.

Ama gerçekten bakalım haa, öyle oturduğun yerden olmaz!

Ayağa kalk da gidip etrafımızda bize verilen neler var şöyle bir bakalım seninle.

Önce aynanın karşısına geç.

Hadi hadi üşenme, sana çok güzel bir şey göstereceğim. O kadar güzel ki, şu kâinatta ondan yalnızca bir tane var. Başka eşi, benzeri, alternatifi yok. Kendine has, kendine özel. Öyle kıymetli, öyle biricik.

Evet...

Allah'ın sana verdiği en kıymetli şey, *sensin...*

Bunu koy cebine.

Gelelim organlarına...

Aynada kendini gördüğüne göre, gözlerin var. Aynaya doğru yürüyerek geldiğine göre, bacakların ve ayakların da var. Bu kitabı okuduğuna göre, kitabı tutacak ellerin ve parmakların da mevcut. Cümlelerimi anladığına göre, beynin, aklın, fikrin... Hepsi var. Sanıyorum ki sabah kahvaltını ettin. Sucuklu yumurtanın kokusu buralara kadar geldi. Demek ki ağzın, dilin, dişlerin, miden, bağırsakların ve daha saymadığımız onlarca organın, hücren, sistemin... hepsi hazır ve nazır görevlerinin başındalar.

Bunları da koy cebine.

Şimdi birlikte cama gidelim.

Beraber dışarıya bakalım.

Neler görüyorsun? Hadi say...

— *Gökyüzü, bulutlar, güneş, gece olduysa ay ve yıldızlar, ağaçlar, kuşlar, çiçekler... Kokusu burnumuza* bayram neşesi hediye eden hanımelleri, görüntüsüyle gözlerimize ışık katan güller, menekşeler... Ayy çocuk sesleri. Nasıl da güzel, nasıl da cıvıl cıvıl. Kediler, köpekler, karıncalar, sinekler, kelebekler, arılar... O da ne öyle? O cır cır cır sesi nereden geliyor? Evet, cır cır böcekleri. Kovaladıkça kaçan ateş böcekleri, onların ateşine vurgun pervaneler... Çeşit çeşit bitkiler; domatesinden narına, elmasından muzuna, meyveler ve sebzeler. Burnunun ucuna damla damla öpücükler konduran yağmur, yanağından makas alıp kızarıklığını bırakan kar, saçlarını ahenkle dans ettiren rüzgâr... Hava, su, deniz, toprak, tahta...

— Tahta mı?!

— Tahta tabii... Zoruna mı gitti?

Hakikaten zoruma gitti. Yani bunca nimeti saymak diyorum, çok zoruma gitti. Çok zorlandım. Zaten güzel Rabbimiz de öyle diyor:

'Allah'ın nimetlerini saymaya kalksanız, sayamazsınız. Ömrünüz yetmez.' (Nahl/18) diyor.

Peki, o zaman yine sorumuzu soralım:

Küçücük bir sakızın bile karşılığının beklendiği bir dünyada 'Allah bizden ne ister?'

Öncelikle seni tebrik etmeme izin ver. Çünkü biliyor musun, aldığı her şeye bir ücret ödeyen ve verdiği her şey için bir karşılık bekleyen insanların pek çoğu Allah'ın verdiklerini her an kullanıyor olmalarına rağmen ömürleri boyunca bu soruyu hiç sormazlar.

Gözlerini kullanırlar da, 'Allah bu göz karşılığında benden ne bekliyor' sorusuna kör kalırlar.

Kulaklarıyla duyarlar ama o kulakları verenin ne istediğine sağırdırlar.

Her an aldıkları nefesle hayatta kalsalar da, kendilerine o nefesi bahşeden Rabbin isteklerine ölü gibi olurlar.

Bu yüzden kocaman bir tebriki hak ettin şu an. Şuracığa bir 'Tebrik nişanı' çizeyim de, al tak göğsüne.

Peki, Allah ne istiyor olabilir? Şimdi bunu düşünelim...

Para olabilir mi?

Öyle yaa, dünyada aldığımız pek çok şeyin bi ücreti var. O zaman bir kumbara yapsak ve Allah'ın bize verdiği şeyler için para biriktirsek? Nasıl olur?

Göz nimeti için bir ödeme planı çıkaracak olursaaak...

Kusura bakmayın hanımefendi, tek bir gözünüzün bile ücretini ödemeye ömrünüz yetmiyor.

Mesela gözlerimizi düşünelim. Yok yok, iki gözümüzü değil, sadece tek bir gözümüzü düşünelim. Sence bir göz kaç para eder?

— Iıı, şey, kem küm...

— O dediğin hangi ülkenin para birimi bilemiyorum ama istersen bu soruyu şöyle sorayım: Ben sana kaç para versem tek gözünü bana satarsın?

— Ayyy hiç satar mıyım yaa! Dünyaları versen olmaz!

Bence de olmaz. Yani dünyaları versek, bir gözümüzün bile karşılığı olmaz.

Her şey böyle aslında.

Nefesimizi dolduran oksijenin ve o oksijenle hayat bulan ciğerlerimizin...

Gözümüzün gördüklerinin ve milimetrik ayarlarıyla görmeyi sağlayan gözlerimizin...

4000 farklı tadı ayırabilen dilimizin, milyonlarca farklı ses tınısına duyarlı olan kulaklarımızın, dünyanın en gelişmiş filtreleme sistemine sahip böbreklerimizin, kendini yenileme teknolojisi sayesinde tüm yaraların iyileşmesine yardımcı olan ve bedenimizi sarıp sarmayan derimizin, dünyanın en en en gelişmiş bilgisayarından bile çok daha gelişmiş datasıyla anne karnındaki hafızamızı bile kayıtlı tutan beynimizin... hiçbirinin karşılığını parayla ödememiz mümkün değil.

Soruyu tekrar soruyorum:

'O zaman Allah bizden ne ister?'

İşte 'namaz' gibi ibadetlerimiz tam burada devreye girer.

Çünkü senin de gördüğün gibi, Allah'ın bize verdiği şeylerin karşılığını bir meblağla ödeyemeyiz. Ne yaparsak yapalım, bize bahşedilmiş hayatın bedelini geri veremeyiz.

Ama şunları yapabiliriz:

İbadet ederek Allah'ı her gün anıp, 'Güzel Rabbim, senin verdiklerinin farkındayım. Bu farkındalıkla şu an namaz kılıyorum. Huzuruna geldim. Ezanı duyunca hemen sana koştum...' diyebilir ve her fırsatta Rabbimizi anabiliriz.

... ki buna 'Zikir' denir.

Gördüğümüz her şeye, insanlara, hayvanlara, bitkilere, bulutlara, aya ve güneşe bakarken onları Allah'ın yarattığı birer nimet olarak görebiliriz. Böylece onlara saygılı davranırız, kırıp dökmeyiz, severiz, koruruz, kıymetini biliriz.

... ki buna *'Fikir'* denir.

Yemek yedikten, su içtikten, yeni bir güne uyandıktan, terden bunaldığımız bir anda buzz gibi dondurmayı lüp diye mideye indirdikten, pley steyşında oynamayı en sevdiğimiz oyunda bölüm geçtikten, babamız işten dönerken eve çikolata getirdikten, bayramda dedemizden 20 lira harçlık kopardıktan, annemizin o pamuk yanağından bi öpücük aldıktan, kardeşimiz tam saçımızı çekecekken fark edip usta bi manevrayla ortamdan uzaklaştıktan, bahçedeki sek sek turnuvasında açık ara birinci olduktan... yani bize verilen güzellikleri fark ettiğimiz anlardan sonra hemen 'Elhamdülillah' deyip Rabbimize teşekkür edebiliriz.

... ki buna *'Şükür'* denir.

Yani Allah'ın verdiklerine karşılık para biriktirmemize falan gerek yok.

Zaten Allah'ın verdiği nimetlere bi 'karşılık' vermemiz mümkün de değil.

Zikredelim, fikredelim, şükredelim yeter.

Bunun için de namaz kılalım.

Her gün, günde beş defa...

Uzaylı Olmak İstemiyorsan Namaz Kıl!

Evvel zaman içinde, kalbur saman içinde. Pireler tellal iken, develer berber iken...

Ben anamın beşiğini tıngır mıngır sallar iken, bir adamla bir kadın varmış.

İsimleriii... şu an çok önemli değil ama istersen sen onlara kısaca 'anne' ve 'baba' diyebilirsin.

İşte bu anne ve baba birbirlerini sevmişler ve evlenmeye karar vermişler. Aynı evde, birlikte yaşamaya başlamış, bir 'yuva' kurmuşlar. Günler mutlulukla geçerken, bir gün baba anneye demiş ki,

— Hanım, hadi gel gidip bi muhabbet kuşu alalım.

Yok yaa pardon, bu değildi.

Galiba şöyle demişti.

— *Hanım, biz çok mutluyuz. Keşke bir çocuğumuz olsa da, mutluluğumuz katlanarak artsa...*

Hıh, evet evet, buydu.

Aradan haftalar geçmiş, anne ile babanın bebek duası kabul olmuş. Anne *hamileymiş.* 9 ay 10 gün sonra nur topu gibi bir bebekleri olacakmış.

Şimdi sen bu anlattıklarımın namazla ne ilgisi var diye merak ediyorsun, öyle değil mi?

Bu ilgiyi çözmek için şu an eline bi ultrason makinesi veriyorum. Çünkü çoookkk gizemli bir dünyayı azıcık gözetlememiz gerekecek.

Elimizdeki gebelik testi sonuçlarına göre bu anne 6 haftalık hamile. Bak bakalım ne göreceksin?

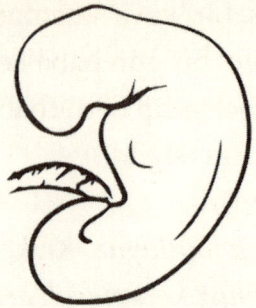

— Valla pek bi şeye benzetemedim. Kesin kardeşimin görüntüsü bu, bi şeye benzemiyor işte hehehee.

Bu gördüğümüz kardeşin mi değil mi bilemem ama bence suya atsak batmaz. 'Çünkü tipi kayık!' gibi bir espri yapmak istemesem de, bu insana benzemeyen —*hatta hayvana, bitkiye, eşyaya dahi benzemeyen*— bebeğin gördüğün gibi pek bi numarası yok.

O zaman al eline ultrasonu 8 hafta sonra bi daha bakalım.

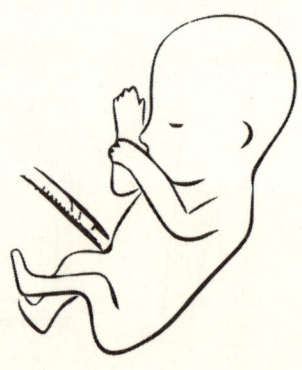

— A ah! 8 haftada ne çok şey değişmiş. Hiçbir şeye benzemeyen bebek, bildiğin yumoş yumoş bi insan olmuş!

Aynen öyle. Anne karnında üçüncü ayını doldurmuş bir bebeğin bütün organları tamamlanmıştır. Yani henüz 10 cm boyunda olan şu küçücük insanın kalbinden böbreğine, bağırsağından beynine, elinden ayağına her organı mevcuttur.

Hadi şimdi 11 hafta daha ileri gidelim ve bir daha bakalım.

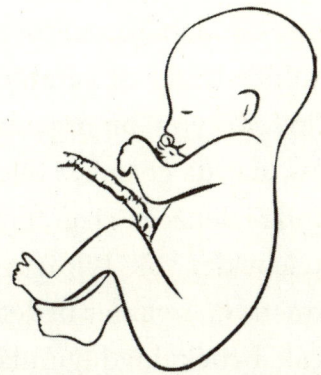

— Vayyyy! Bana göz mü kırptı o! Sen ne tatlış bi şeysin yaaa...

Evet, sana göz kırptı. Yani göz kapakları olduğu gibi, artık gözünü açıp kapatabilecek ve etrafa bakabilecek bir görme yetisi de var.

Şimdi gelelim beş numara on yıldız ödüllü uzmanlık sorumuza:

'Bu organlar neden var?'

Yani düşünsene, daha onuncu haftadan itibaren

bebeğin bacakları ve ayakları var. Ama anne karnında yürünecek bir yer yok. Bacağa da, ayağa da ihtiyaç yok. O zaman bu organlar neden var?

Bebeğin ilk haftalardan beri elleri, parmakları ve kolları var. Ama anne karnında elini tutacak, sarılacak, kucaklanacak birileri ya da ele alınacak oyuncak, çıngırak falan gibi eşyalar yok. O zaman bu organlar neden var?

Peki ağza ne demeli? Anne karnında yenilecek yemekler, konuşulacak kelimeler, hatta alınan bir nefes bile yok. Ama ağız, dil, damak... hepsi hazır ve nazır bi halde. Hatta şimdiden dişler de yaratıldı. Damakların içine gizlendi. Yine sorayım, bu organlar neden var?

Ya gözler? Oluştular da görmeye bile başladılar. Ama anne karnında izlenecek çizgi filmler, görülecek ağaçlar, kuşlar, kelebekler yok. Bildiğin karanlık oda gibi ortam. O zaman bu organlar neden var?

— Neden olacak, bebek doğduğunda yürüyebilsin, dokunabilsin, görebilsin diye... Yani bi nevi bu dünyaya hazırlık yapılıyor anne karnında.

Yav ben boşa demiyorum sen çok, çok, çokkkkk akıllı bir çocuksun diye.

Yine doğru söyledin.

Bebeğin anne karnında geçirdiği süreç bu dünyaya hazırlık süreci. Bebek bilmediği bir dünyaya doğacak. Oranın belli ihtiyaçları var. Yürümesi için ayağa, dokunup tutabilmesi için ele, konuşması ve yemesi için dile, damağa, ısırmak için dişlere, görmek için gözlere ihtiyacı var.

Tabii bebek bunu bilmiyor.

Eğer mümkün olsaydı ve anne karnındaki bebek kendi kendini yaratsaydı, o zaman muhtemelen kendine kol, bacak, göz, diş falan yapmazdı. Dünyanın nasıl bi yer olduğunu henüz bilmediği için, 'Amannn ne gerek var şimdi bu organlara, nerede kullanacağım ki hem?' falan derdi. Sonra da...

Ayy sonrasını düşünmek bile istemiyorum. Öyle uzaylı gibi kolsuz, gözsüz, ayaksız, ağızsız doğuverirdi yavrucak.

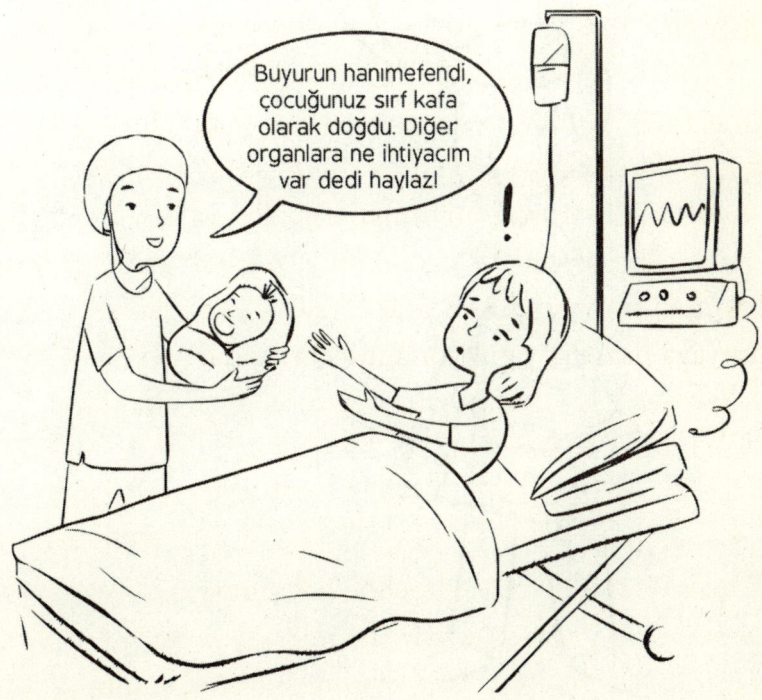

47

Ama neyse ki bizi bizden iyi bilen, ihtiyaçlarımızı biz daha bilmeden veren, bizi bilmediğimiz dünya için hazırlayan bir Rabbimiz var.

Bak şimdi konuyu namaza bağlıyorum.

Hazır mısın?

Hem de halat sıkılığında bağlayacağım mevzuyu.

Çok sıkı bağladın yaaa?!

Bu dünyayı bir 'anne karnı süreci' gibi düşünebilirsin. Nasıl ki anne karnında asıl dünyaya hazırlanmak için geçen kısıtlı bir zaman var, bu dünyada da öyle. Ahiret yurdumuza —ki kendisi asıl yurdumuz olur— hazırlanmak için dünya denen 'anne karnı sürecini' yaşıyoruz hepimiz. Burada hazırlıklarımızı ne kadar doğru, ne kadar tam yaparsak asıl yurdumuza o kadar sağlıklı doğarız.

Bunun için de —*aynı anne karnında olduğu gibi*— kendimizi Rabbimize bırakmalıyız.

Eğer 'Ayy benim namaza ne ihtiyacım var ki?', 'Kılmasam da olur. Bak bugün kılmadım bi şey mi oldu' falan gibi anlamsız cümleler kurarsak, kendimizi 'Ayy ayağım olmasa ne olur ki, sanki anne karnında yürünecek yer mi var,' diye soran bebeğin durumuna düşürürüz. Çünkü anne karnındaki organlarımızın anne karnından çok bu dünya için gerekli olduğu gerçeği gibi, bu dünyada yaptığımız ibadetler de en çok ahiret yurdumuz için gereklidir. O dünyanın hazırlığıdır. Biz belki bilmeyiz, anlamayız ama Rabbimiz bilir. O, dünyada işimize ne yarayacak, bize ne gerekecekse bu dünyada verir. Bizi ahiret yurdumuza hazırlar.

Yoksa eciş bücüş Uzaylı Zekiye gibi doğuveririz
ahirete ammannn evlerden ırak!

Şeytanın Alçısına İmzanı Atmak İster Misin?

Ben daha küçükken 'Alçıya imza atmak' çok havalı bir şeydi. Bir arkadaşımızın kolu bacağı kırılsa ve doktorlar alçıya alsa hemen yanına gidip, 'Alçını imzalayabilir miyimmmm' diye sorardık.

Öyle havalı bir şeydi yani.

Şimdi sana çokkkkk daha havalı bir şey söyleyeceğim.

İmzan arkadaşının değil de şeytanın bacağındaki alçının üzerinde olsaydı... Nasıl olurdu?

— Şeytanın bacağı mı kırılmış ki? Alçıda mıymış? Aaa hiç haberimiz olmadı.

Haber vermek bizim işimiz.

Gel de anlatayım...

Bundan yıllar, yıllar, uzunnnnnn yıllar önce İbrahim adında bir Peygamber yaşardı. İsmi bile çok özeldi. İbrahim, milletlerin atası demekti. Hz. İbrahim hem Yahudilerin, hem Hıristiyanların, hem de Müslümanların makbul saydığı bir Peygamber olduğu için 'milletlerin atası' unvanını almıştı.

— Vayyyy çok havalı!

İşte şeytanın bacağını kıran ilk kişi Hz. İbrahim'di.

Şeytan türlü hilelerle İbrahim Peygamberin yanına sokulmuş, onu Allah'a kulluk etmekten uzak tutmak için bir sürü yol denemişti. Ama Hz. İbrahim her defasında onu yanından kovmuş, hatta bir keresinde oğlu İsmail ve eşi Hacer'le birlikte şeytanı kovmak için yerden taş alıp tam isabetle şeytanın kolunu bacağını kırmışlardı. Hani Kâbe'ye gittiğimizde Mina mevkiinde şeytan taşlıyoruz yaa, işte İbrahim Peygamberin uzun yıllar önce ailesiyle şeytana attığı taşları temsil ediyor o ibadet.

O derece mühim bir iş yapmış Hz. İbrahim. Bizler her yıl hac ibadetinde onun davranışını tekrar ediyoruz.

— E peki biz şeytanın bacağını nasıl kıracağız? Hadi bahçeden taşı bulduk diyelim, şeytanı nerede bulacağız da taşı koluna bacağına atacağız?

— Süper soru!

O zaman hazırsan şeytanın bacağını alçıya aldırmanın yolunu açıklıyorum.

İbrahim Peygamber ve ailesinin şeytanı çatır çatır çatlatan, kemiklerini katır kutur kırdıran formülleri yerden topladıkları taşlar değildi. Onlar, 'ibadet' taşlarıyla şeytanın bacağını kırdılar.

Hz. İbrahim daha küçücük yaşlarından itibaren putlara tapmayı reddetti. 'Benim Rabbim böyle elle yapılır, ittiğinde kırılır heykeller olamaz. Ay gibi, güneş gibi bir doğup bir batan hiçbir şey Allah olamaz,' dedi. Sonrasında düşündü, 'Madem ben sonsuz gücü olan Rabbime inanıyorum, o zaman sormalıyım, O (cc) benden ne istiyor? Nasıl bir kul olmamı istiyor?'

Oğlu İsmail'le birlikte Kâbe'yi inşa eden Hz. İbrahim teee yüzyıllar öncesinden Rabbine şu duayla seslenmişti:

'Ey Rabbim! Beni namazı hakkıyla kılanlardan eyle ve soyumdan gelenleri de böyle yap. Duamı kabul eyle...' (İbrahim:40)

İbrahim Peygamber ev istemedi, araba istemedi, yat kat, kıyafet, mal mülk dilemedi Rabbinden. Öncelikle kulluğun ilk gereğini hem kendi, hem de tüm insanlık için dua dua Allah'a gönderdi: **'Namaz'**

Böylece şeytanın alçısına imza atmak isteyen her çocuğun yapması gereken şeyi de öğretmiş oldu.

Hey! O da ne?!

Bir ses mi duydum ne?

Yoksa ezan mı okunuyor?

Hadi o zaman, bakalım hangi çocuklar şeytanın alçısına imzasını atıyor☺

Hangi Namaz, Şeytanın Hangi Kemiğini Kırar?

Madem şu alçı meselesine niyet ettik, o zaman şeytanın hangi kemiğini kırmak istiyoruz gel ona karar verelim.

Ne sandınnnn?

Her namaz aynı etkiyi göstermez tabii.

Kimi namaz tek bir bacağa çalışırken, kimi namaz on yüz bin baloncuk etkisiyle bel kemiğini bile orta yerinden kırabilir. Hem orası alçı da tutmaz. Düşün artık Şeytan-idman yurdunun halini. Forvet oyuncusunun beli kırılsa daha da gol falan atamazlar. Küme düşürürsün koca takımı, küme!

Şimdiii, günde 5 vakit namaz var.

Sabah, öğlen, ikindi, akşam ve yatsı...

En kolay kılabileceğin namaz akşam namazı. Neden? Çünkü okulda değil, evdesin. Abdestin yoksa alabilir, rahatlıkla kılabilirsin. Hem 3 rekâtlık bir namaz, sünnetiyle birlikte 5 rekât... Yani kısa. Kolaylıkla kılınır. Zorluk seviyesi 5 üzerinden 1 olan bu namazımız şeytanın ayağını topal bırakacak bi etki gösteriyor. Tebrik ederim! Kıldın akşamı, topal ettin Şeytan-idman yurdu defansını!

Öğlen ve ikindi eşit zorlukta sayılabilirler. İkisi de günün ortalarına denk geliyor. Biri 10, diğeri 8 rekât olsa da enerjin zaten tavan yapmış halde o saatlerde. Seni çok da zorlamaz. Zorluk seviyesi 5 üzerinden 2 olan bu namazların hedefi baldır kemiği. Her gün öğleyi ve ikindiyi kıldın mı şeytanın bacağını kırdın sayılır, ha gayret!

Şimdi gelelim sabah namazına. Uykunun en tatlış, en keyifli, en 'Anne azcık daha uyuyayım yaa'lık kısmına. Evet, zor bir namaz çünkü uyku tatlı. Bu yüzden zorluk derecesi 5 üzerinden 3. Ve hazır mısın, hedeflediği kemiiiikkkk, ta ta ta dam: 'Kaval Kemiği...'

Ve namazların en uzunu, en geç olanı, zorluk seviyesinde başrole oturanını takdim ederim: Yatsı namazı! Sünnetleriyle ve salat-ı vitr namazıyla birlikte tam on üç rekât. Bu da demek oluyor ki, şeytanın bacağına on üç ayrı darbe vuruyorsun. Bu darbelerin hedefi iseeee, en zor iyileşen, en uzun süre alçı gerektiren bir kemik! Açıklıyoruummmm: 'Uyluk kemiği!'

Fark ettiysen zorluk sıralamasında en fazla 5 üzerinden 4'ü gördük. Peki, tam puanı hak eden bir namaz var mı? Kılınması en çok gayret isteyen, en derin imanı gerektiren, sadece Allah'ı çokkk sevenlerin yapabileceği, diğer insanlardan farklı olarak Peygamberimize (sav) farz olan bir namaz?

— Buldum! Kuşluk namazı mı?

— I ıh.

— Pekiii, teravih?

— Hayır, o da değil.

— Tespih namazı o zaman?

Saydığın tüm bu namazlara 'Nafile Namazlar' deniyor.

— Neeeee?!!! Nafile mi?? Yani boşuna mı kılıyoruz bu namazları?

Nafile, yani yapılması Allah tarafından emredilmemiş, kılmazsan günahı olmayan ama kıldığında amel defterine yıldızlı aferinler yazdıran namazlar bunlar. Şeytanın el ve ayak bileklerini çatırdatmak istiyorsan bolca nafile namaz kılabilirsin.

Ama benim bahsettiğim namaz başka...

Bu namaz için gecenin ortasında uyanman, hiççç üşenmeden abdest alman, seccadenin başına geçip en az 2 rekâtlık bir namaz kılman gerekiyor çünkü bu namazın adı, 'Gece Namazı'... Nam-ı diğer 'teheccüt'. Güzeller güzeli Peygamberimize (sav) farz olan —*yani kılması Allah'ın emri olan*— bizler içinse ecri en büyük olan namaz gece namazı. Zorluk derecesi 5 üzerinden 5! Tam puan! Çatırdattığı kemik iseeee, evettt bildin! Bel kemiği! Düzenli kılacağın 2 rekâtlık gece namazı ile Şeytan-idman yurdunun en pahalı forvetine bi çelme takabilir, belini orta yerinden kırabilir, İyilik-gücü takımına puan üstüne puan kazandırabilirsin.

O zaman repçimiz senin için söylesin:

'Yo yo yo yo!
Sakın namazını ihmal etme lo!
Günde beş kere, başın değsin secdeye
Her değişinde ağlatırsın şeytanı
Kırarsın kemiklerini, imzalarsın alçıyı!
Bak şimdi seher vakti, güneş doğuyor!
Akıllı çocuklar şimdi namaz kılıyor.
Yeni gün başlarken Rabbine secde ediyor.
Duy bak! Şeytanın kemiği çatırdıyor!
Yo yo yo! İşte öğlen namazı!
Ne de çabuk gelmiş bugünün de ortası
Hadi bırak işi gücü, kıl namazını
On rekâtın sonunda alırsın hakkını
Hadi gel seccaden seni bekliyor
Bak imam amca şimdi ikindiyi okuyor
4 sünnet, 4 farz!
Namaz kılan çok tarz!
Şeytanın bir kemiğini daha kırdın seni haylaz!
Gün dönerken geceye hava karardı
İmam 'hayya-l es-salah' dedi akşam okundu
Önce abdest, sonra namaz, seccadeler serildi
'çat' sesini duydun mu?
Şeytanın bacağı burkuldu!
Günün son namazı duyulur yorgunluk çökmüşken
Rabbine teşekkürün tam sırası gelmişken
Adı 'yatsı', kıl hemen yat, uyku sırası!
Yatsı namazını kılan kırar şeytan bacağı!
Benden sana hediye bi uçan halı!
Uçan halı olur mu dersen, ser seccadeni!
Seccaden seni alıp uçuracak şimdi!
İstikametin cennet! Kim tutar seni?!
Yo yo!

Hımm?!

Hiç düşünmüş müydün?

Dünyada en gıcık olduğum şey, ben konuşurken karşımdaki kişinin sözlerime dikkat kesilmemesidir. Sanki ben boş konuşuyormuşum gibi oralı olmamasına çok bozulurum. Çünkü konuşmak önemli bir şeydir. Sohbet, konuşan iki kişi arasında bağ kurulmasını, sevgi iletişimi doğmasını sağlar. Konuşan iki kişiyi birbiri için 'yabancı' olmaktan çıkarır, 'tanıdık' hale getirir. Özel kılar.

Namaz kılarken Kur'an'dan pek çok ayet ve dua ile Rabbimizin huzuruna geçeriz. Ve bu ayetler aracılığı ile Rabbimizle 'konuşuruz'. Hatta namazın şartı olan ayetleri okuduktan sonra, mesela secdedeyken, rükûdayken ya da kıyamdayken, istediğimiz duaları, niyazları, tespihleri okuyabilir ve namaz boyunca Rabbimizle sohbet edebiliriz. Tabii bunun bir adabı var.

Nasıl ki biriyle konuşurken sağa sola bakmaz, tüm dikkatimizi ona yöneltir, en tatlı ses tonumuzu takınır, kelimelerimizi tane tane seçerek konuşursak... Namaz kılarken de Rabbimizle sohbet ettiğimizin bilincinde olmalı ve aynı nezaket kurallarını bu özel sohbete taşımalıyız.

İşte namazı yavaş yavaş, hissederek kılıp okuduğumuz ayetleri tane tane ve özenle okumaya 'Tadil-i Erkan' deniyor. Bir nevi, 'Güzel kardeşim, Rabbinle konuşuyorsun. Ne o öyle anlamadan, hızlı hızlı, kelimeleri yuta yuta konuşmak. Haydi bakalım, namazlarımızı özene bezene kılalım' kuralları da diyebiliriz☺

Rakibin Güçlü... Peki Ya Sen?

Namaz kılmayı çok istediğin halde aklına şöyle düşünceler geliyor olabilir:

'Ya iyi güzel namaz kılayım ama daha küçücük çocuğum! 90 yaşıma kadar yaşasam, önümde kocaman, upuzun bi 80 yıl var. 80 yıl, her gün 5 vakit namaz kılarsaaammm... Toplamda, beş çarpı üç yüz atmış beş çarpı seksen kadar namaz kılmış olurum! Bu çokkk fazla! Daha bu çarpma işlemini bile yapamıyorken, bunca namazı nasıl kılayım ben?'

Bu soruna cevap verirken sana;

— 'Her gün en az üç öğün yemek yemeye üşenmiyorsun. Ohhh! Mantıyı, pilavı, köfteyi mideye indirirken zor değil de, sana o nimetleri sunan Rabbine teşekkür etmeye gelince mi zor?' diyebilirdim.

— 'Ha ha, bu nasıl hesap arkadaşım? İnsan için tek bir gün vardır, o da bugündür. Çünkü 'dün' geçip gitmiştir, 'yarın'ın gelip gelmeyeceği de zaten belli değildir. Yani seksen yıllık namaz kılmana gerek yok. Bir günlük kıl! O gün de 'bugün' olsun. Sonra uyu, uyan. Bir günlük daha kıl... Her gün bir günlük namaz kılsan yeter de artar bile' diyebilirdim.

— 'Babandan cep telefonu isterken, annene pley steyşın için yalvarırken, 'Ben küçücük çocuğum' demiyorsun ama! 'Koca çocuk oldum' diyorsun. Oyuna gelince büyüdün de, o oyunu oynayacak hayatı yaratan Rabbinin çağrısına koşmaya gelince küçük mü oldun?! Yemezlerrrr! Haydi koş namaza' da diyebilirdim.

Ama merak etme, bunların hiçbirini demeyeceğim.

Sana başka bir şey söyleyeceğim.

Diyeceğim ki, Rabbinin bir ismi de; 'el-Adl'...

El-Adl, adaletli olan, adaleti her zerreyi kuşatan Allah demek.

Yani Allah'ın yarattığı her şeyde bir adalet terazisi, bir denge ve denklik var.

O zaman bizim kim olduğumuz, rakibimizin kim olduğuyla oldukça ilgili. Allah 'el-Adl' ismi gereğince bize denk bir rakip koymuş olmalı çünkü karşımıza.

Rakibimiz kim?

Şeytan.

Peki nasıl bir rakip bu?

Ben sana anlatayım...

Bir rakip düşün ki, Allah'a verdiği sözü tam 100 bin yıldır tutuyor.

Sözü 'kötü' bir söz, evet.

Ama olsun.

O sözünden hiç dönmüyor.

100 bin yıldır namaz kılmaya çalışan insanoğlunu bıkmadan, usanmadan 'Uff yaa bugün de mi bununla

uğraşacağım,' demeden seccadesinden uzaklaştırmaya çalışıyor.

Bir hedefi var ve 'uff puff' demeden hedefine yürüyor.

Neden?

Çünkü oynadığımız maçın farkında ve kazanmak istiyor.

Peki biz?

O yerdiğimiz, 'tü kaka' dediğimiz, beğenmediğimiz şeytan kadar olamayacak mıyız?

O 100 bin yıldır Allah'a verdiği söze bu kadar sadıkken, biz hepi topu 80-90 yıllık ömrümüzde sözümüze sadık kalamayacak mıyız?

'Ben Rabbiniz miyim?' diyen Allah'a, 'Evet, sen Rabbimizsin' dediğimiz sözün mührünü secdelerimizle sabit kılamayacak mıyız?

Kıldığımız her namazla şeytana 'nanik' yapıp, bugünün 'adam'ları olarak Âdem Peygamberin ve Havva annemizin intikamını söke söke alamayacak mıyız?

Güçsüz müyüz biz?

Ezik miyiz?

Çürük elma mıyız, neyiz?

Bak şimdi acayip gaza getirdim kendimi, ser seccadeyi nafile namaz kılacağım...

Dünyanın En Sihirli İki Kelimesi

— *Yavrucuğum, yemek nasıl olmuş?*
— *Güzel olmuş anne.*
— *O kadar mı?*
— *Ne o kadar mı, güzel işte!*
— *Bi 'eline sağlık' yok mu? Bi 'teşekkür ederim' yok
mu? Aah ah, doğur büyüt, bir teşekkürü çok görsün.
Nerede benim terliğim, atayım kafana da gör!*

Anneler bazen olayları dramatize ederler. Hatta
keskin nişancılık eğitimi almış gibi, Bermuda terlik
üçgeninden attıkları her terliği tam on ikiden isabet
ettirirler. Ve çoğu zaman abartılı yaklaşımları da olur.
Bunların hepsi kabulüm... Ama sen de kabul et ki,
kadıncağızın yaptığı yemekler bir 'teşekkür'ü hak eder.

Yağından soğanına, tuzundan salçasına tek tek
alınmış, özenle bir araya getirilmiş, yemek haline
getirilmiş, düşünülmüş, uğraşılmış, pişirilmiş, sonra
da senin için servis edilmiştir çünkü.

Sana özeldir, senin içindir.

İşte bu nedenle teşekkürü fazlasıyla hak edenlere
haklarını teslim etmek gerekir.

Mesela annemize teşekkür etmemiz gerekir; bizi
doğurduğu ve doyurduğu, giydirdiği, yere düşüp
dizimiz acıdığında öpüp geçirdiği, kâbus gördüğümüz

gecelerde bizi sinesinde sakinleştirdiği için...

Babamıza teşekkür etmemiz gerekir; çalıştığı, helalinden kazandığı, arabanın arka koltuğunda uyuyup kaldığımızda uyanmayalım diye şefkatle bizi kucağına aldığı, bizimle güreştiği, maç yaptığı, 'Sen yat merak etme, sen uyuyuncaya kadar ben uyumayacağım' dediği, bize güven verdiği için...

Arkadaşlarımıza teşekkür etmeliyiz sonra; bize sırdaş, yoldaş, hatta bazen kopyadaş oldukları için... Akrabalarımıza, kardeşimize, komşularımıza... Hayatımızdaki pek çok iyiliğin sebebi oldukları için...

Peki, sadece insanlara mı teşekkür edilir?

Bence güneşe de teşekkür etmek gerekir; bizi ısıttığı, itirazsız her gün doğduğu, 'şunu ısıtmam', 'bunu aydınlatmam' deyip adam seçmediği, dünyadaki hayatın teminatı olduğu, gündüzü gecenin bağrından çıkardığı, bize aydınlık yaptığı, yolumuza ışık olduğu için...

Havaya teşekkür etmek gerekir; ciğerlerimize yakıt, bedenimize hayat olduğu için...

Suya teşekkür etmek gerekir; vücudumuzun %70'ini, dünyanın %65'ini kapladığı, sıcak yaz günlerinde damağımızdan midemize doğru akıp bize serinlikler hediye ettiği, toprağa can olup hayat verdiği, bedenimizi temizleyip bizi bitlerden, pirelerden koruduğu için...

Hatta ağaçlara, hayvanlara, toprağa, dağlara, bulutlara, aya da teşekkür etmemiz gerekir. Ve sayamadığımız binlerce canlı ve cansız varlığa da...

— *İyi güzel de güneşe, aya, suya nasıl teşekkür edeceğiz?*

İşte asıl mesele tam da burası çünkü insana teşekkür etmek kolaydır. İki kelime gerekir, 'teşekkür ederim' dersin biter. Ama güneşe, aya, suya, havaya teşekkür etmek için kelimelerden fazlası gerekir çünkü onların canı yoktur.

Peki, o zaman ne yaparız?

Güneşe teşekkür etmek için, güneşi yaratan Allah'a teşekkür ederiz.

Allah'a teşekkür etmek için de namaz kılarız.
Zaten namazdaki hareketlerimiz de bunu temsil eder.
Mesela 'kıyam'da duran bir çocuk düşün. Ya da dur
düşünme! Senin için şuraya çizivereyim...

Namaz esnasında ayakta durduğun bu 'kıyam' hali
ağaçlar ve dağlar gibi Allah'ın yaratmasıyla dimdik
duran varlıkları temsil eder. Sen kıyamdayken bu
varlıklar için de Rabbine teşekkür etmiş olursun.

Sonra 'rükû' gelir. Senin için onu da çizeyim.

Eğilip rükûa vardığında tüm hayvanlar için Allah'a teşekkür etmiş olursun. Etinden, sütünden, balından, ipeğinden, yumurtasından, yününden ve sayısız özelliğinden fayda gördüğün hayvanlar âlemi için de Rabbine teşekkür edip secdeye gidersin.

Secde ise taşların, toprağın, çiçeklerin, meyvelerin, sebzelerin ve yerde sürünen bütün hayvanların teşekkürüdür. Secdeye gittiğinde sadece kendi şükrünü Allah'a götürmez, tüm bu varlıkların teşekkür belgesini de tescil ettirmiş olursun.

Okuduğun sureler de böyledir. Mesela Fatiha suresini düşünelim. Dur senin anlayacağın dilden söyleyeyim; 'Elham'ı düşünelim'. Namaz kılan biri Elham'ı günde 40 defa okur. Bu surenin ilk cümlesi —*yani ilk ayeti*— şöyledir:

'Hamd (Şükür) âlemlerin Rabbi olan Allah içindir.'

Namaz hareketlerinle tüm varlıklar için 'teşekkür ettiğin' Rabbin, Elham'ın ilk ayetinde de sana aynı şeyi yaptırır. Bu ayetle dersin ki,

'Allah'ım, senin yarattığın bir sürü âlem var. İnsanlar âlemi var, bitkiler âlemi var, hayvanlar, melekler, cinler, gezegenler âlemi var... Tüm bu âlemler için yalnız sana şükrederim, tüm teşekkürlerim sadece senin içindir.'

Yani diyebiliriz ki, namaz kılarken sen 'sen' değilsin! Yani sadece 'sen' değilsin.

Namazdayken teşekkürünü ettiğin her şeysin.

Hem insan, hem ağaç, hem toprak, hem su, hem dağ, hem kuş, hem böcek, hem çiçeksin...

Ama en çok Rabbinin sevdiğisin.

Bak işte bundan adım gibi eminim.

Namaz Kılmak Çok Mu Zor?

Ah şu anneler!

Sürekli kural koyarlar ve bu kurallara uymanı isterler.

Neymiş efendim ödev yapacakmışız, yok ondan sonra test çözecekmişiz, o bittiğinde kitap okuyacakmışız...

Hep dersler, hep ödevler.

Yahu biri de çıkıp dese ki ödevler önemli, tamam ama günde bir saat yapsan yeter. Bir saatini ayır ödev yap, test çöz... Sonrası serbest. İster oyun oyna, ister gez, ister arkadaşına git. Özgürsün!

— Ayy ne güzel olurdu! Ama nerede öyle anne?

— Öyle bir annen olmayabilir ama emin ol ki öyle bir Rabbin var.

— Nasıl yani???

Şöyle anlatayım.

Şimdi bu şeytan denen mendebur varlık var yaa...

İbadetleri 'çok'muş gibi gösterip gözünü korkutmaya çalışır. Der ki,

'Yaa şimdi kim zekât verecek! Malın azalıyor. Ya sonra sen fakir kalırsan...'

Oysa Allah kulundan malının çoğunu değil, sadece kırkta birini ister. Yani '40 liran varsa, 1 lirayı Allah adına fakirlere ver. 39 lira yine sende kalsın. Hem o verdiğin 1 lira hayrına, ben senin geri kalan 39 lirana öyle bereket veririm, onu öyle çoğaltırım ki şaşırırsın' der Rabbimiz.

Şeytan, *'Ayy hem de 30 gün mü oruç tutacaksın?! 30 gün boyunca hem aç, hem susuz kalacaksın. Hem de bu yaz sıcağında...'* diye fiştikler.

Oysa Allah kuluna her yıl 365 gün verir. O günlerden sadece 30 günü oruçlu geçirmesini talep eder. O 30 günün hepsinde de değil, sadece günün belli bir vaktinde yemeyi ve içmeyi yasaklar. Sahur ve iftar sofralarına kulu için çeşit çeşit nimetler serer.

Namaz için de öyle.

Şeytan der ki,

'Ayy günde 5 vakit. Hem de bir gün, iki gün değil haa! Bir ömür! Kim kılacak bu kadar çok namazı!'

Oysa Allah kuluna her gün 24 saat verir. Bu 24 saatte —*farz namazlara baksak*— kulunun toplam 20 rekât namaz kılmasını ister. Her rekât 2 dakika sürse, abdest almak için de 20 dakika gitse... Bizlerin günde toplam 1 saati namaza ayırmamızı emreder.

24 saatte sadece tek bir saat!

Çok mu?

Bir de Rabbimiz namaz kıldığımız bu tek bir saatin karşılığında bize sonu olmayan bir cennet hayatı teklif eder.

Yani neresinden bakarsak bakalım çok kârlı bir anlaşma.

Sen bakma bu şeytana!

Onun işi gücü fitne, fesat, Rabbiyle kulunun arasını açma.

Yani bence de, namazını kıl ki **Rabbiyle kulunun arasını açma!**

Neden 5 Vakit Namaz Kılıyoruz?

Rakamlar üzerine düşünmeyi, altındaki sebebi aramayı çok severim.

Çünkü sen de biliyorsun ki, Allah hiçbir şeyi sebepsiz yaratmaz.

Her ibadetin muhakkak bir sebebi ve hikmeti vardır.

'Neden 5 vakit namaz kılıyoruz' sorusunun cevabını müsaadenle 5 maddede özetleyeyim.

Madde 1: *İnsanın vakitleri*

İnsan ömrünün 5 temel vakti vardır.

Bebeklik, çocukluk, ergenlik, yetişkinlik ve yaşlılık...

Günde 5 vakit namaz kılan insan, ömrünün 5 vaktinin şükrünü iletir Rabbine.

Sabah namazında bebekliğinin, öğle namazında çocukluğunun, ikindide gençliğinin, akşamda yetişkinliğinin ve yatsıda yaşlılığının şükrü ile geçer Allah'ın huzuruna.

'Canım Allah'ım, ömrüm için sana çok teşekkür ederim' der, dua eder.

Madde 2: *Güneşin vakitleri*

Bir günü kaç parçaya ayırabiliriz? Yani güneşin doğuşundan, ertesi gün tekrar doğuncaya kadar kaç vakit geçer? Haydi sayalım...

Güneşin ilk doğduğu vakit, yani *sabah*...

Güneşin tam tepede olduğu ve en sıcak olan vakit, yani *öğle*...

Güneşin tepeden inişe geçtiği, gölgelerin kısaldığı vakit, yani *ikindi*...

Güneşin battığı vakit, yani *akşam*...

Gecenin en karanlık noktaya ulaştığı, artık aydınlığın hiç görülmediği vakit, yani *gece*...

Farkındaysan 5 farklı hale giren güneşin her haline serpiştirilmiş bir namaz vakti var. Günün her anında Rabbimizi hatırlayalım, ona koşalım, arayı açmayalım diye.

Madde 3: *Yılın vakitleri*

Namazın her vakti yılın bölümlerini, yani mevsimleri de anlatır bize.

Sabah namazı günün *ilk baharıdır*. Yeni bir doğuş, yeni bir uyanıştır.

Öğle namazı günün *yazıdır*. Yaz gibi sıcak ve hararetlidir.

İkindi namazı sonbahar gibidir. İnsan yorulur, yapraklarını dökmeye başlar, enerjisi düşer.

Sonra kış gibi bir akşam gelir, akşam namazı vaktidir.

Gecenin karanlığı çığ gibi örterken günün üstünü, yatsı vakti gelir, gün nadasa çekilir.

Namaz kıldığımız her vakit yeni bir mevsimin şükrü yayılır göğümüze.

Çiçek çiçek açılır yeni iklimler, secde secde filizlenir ömrümüzde yeni mevsimler.

Madde 4: *Günün vakitleri*

Fark ettin mi, her yeni gün insanın ömrü gibidir.

Sabah, insanın bebekliğidir. Nasıl ki insan doğar bu dünyaya, her yeni günde güneşle birlikte doğar hayata.

Öğle vakti insanın gençliği gibidir. Enerjik, neşeli, bol koşuşmalı geçer günün ortası.

İkindi de beli bükülür ömrün. İnsanın enerjisi düşer, yaşlanmaya başlar düşler.

Yatsı vakti ölüm gibidir. Ömrün nihayetiyle günün sonu birleşir.

İşte kıldığı her namazla insan yeniden doğar, büyür, yaşlanır ve ölüme yaklaşır.

Günün her vaktinde, ömrünün yıllarına doğru ruhen yol alır.

Madde 5: *Vücudun vakitleri*

Sabah saatlerinde vücudumuzda kortizon salgılanmaya başlar. Hareketlenme artar, beden uyanır. E o kadar vücudumuz yeni güne uyanmış, harekete başlamış...İşte tam da sabah namazı kılıp şükretmek zamanıdır.

Öğle vakti girdiğinde kan basıncı düşmeye, zihin odağını kaybetmeye, beden acıkmaya başlar. Bedenimiz bu haliyle adeta 'günün koşuşmasına ara ver' der. Alarma geçer. Biz de onu dinleriz, bir abdest alır ve diriliriz. Karnımızı doyurmak için yemek yer, ruhumuzu doyurmak için secde ederiz.

Gün yavaş yavaş alçalırken, beden hareketlenir. En üst performansına gelir. Gücümüz, kuvvetimiz için şükretme vaktidir. İkindi namazının seccadesi serilir.

Akşam vaktinde melatonin salgısı başlar. Vücut yavaşlar. Günlük işlere son vermenin vakti gelirken bedenimizde, şükür vakti de gelmiştir günü sağlıkla geçirten Rabbe...

Gece olunca stres hormonu salgısını durdurur, beden gevşer, uyku için hazır hale gelir. Günü kapatmadan önce son defa güzel Rabbimizle buluşma vaktidir.

Yani güne de sorsan, yıla da danışsan, güneşten akıl alıp vücudunla da konuşsan tek bir şey söyler sana:

'Günde 5 vakit, Rabbinin huzuruna koşsana!'

Namazı Çok Seveni Sen Ne Kadar Seviyorsun?

Sevdiğin şarkıcının posterini odana asmak, uyandığında ilk onu görmek istersin.

Sevdiğin film yıldızı gibi giyinmek, saçını onun gibi kestirmek, onun gibi konuşmak hoşuna gider. Hatta kendini bazen onun gibi gülmeye, yürümeye, davranmaya çalışırken bulursun.

Bir futbolcuysa sevdiğin, onun takımının formasını giyince, saçını onun tarzında kestirince, onun giydiği marka kramponu ayağına geçirince kendini sevdiğin futbolcuya daha yakın hissedersin.

Bu çok doğal.

Çünkü insanoğlu sevdiğini taklit ederek kendini ona daha yakın, daha onun gibi hisseder. Aynı yemeği sevmek, aynı tarz müziği beğenmek, en sevdiğin rengin aynı olması, aynı takımları tutmak, aynı esprilere gülmek, aynı tarz filmleri izlemekten keyif almak... Tüm bu 'aynı'lıklar kişiler arasında özdeşim kurulmasını sağlar. Seninle 'aynı'lıkları fazla olan kişiye daha kolay ısınırsın. Bu yüzden...

'Üzüm üzüme baka baka kararır.'

'Bana arkadaşını söyle, sana kim olduğunu

söyleyeyim' gibi atasözlerimiz var.

Çünkü seven, sevdiği gibi olmak ister.

Bu yüzden de aralarında sevgi bağı olan kişiler zaman içinde birbirlerine benzerler.

Şimdi bu bilgiyi bir kenara koyduysak, sana soracağım soruya hazırsın demektir.

Soru şu: *'Peygamberini ne kadar seviyorsun?'*

— *'On yüz bin milyon baloncuk, denizlerdeki su damlası, çöllerdeki kum tanesi, göklerdeki yıldız kümesi, insanlardaki saç telleri, ağaçlardaki yapraklar adedince. Yani çok, çok, çoooookkkkkk....'* mu diyorsun?

Süper!

Ama yeterli değil.

Çünkü ben ispat isterim.

Hadi bana Peygamberini çokkkkkk sevdiğini kanıtla!

Bunu nasıl mı yapacaksın?

Sevdiğin şarkıcıya olan sevgini onun gibi giyinerek,

Sevdiğin film yıldızına olan sevgini onun filmlerini defalarca izleyerek,

Sevdiğin futbolcuya olan sevgini onun gibi davranarak,

Annene olan sevgini onun sevdiği şeylere özen göstererek,

Babana olan sevgini onun 'yapma' dediği şeylerden uzak durarak,

Arkadaşına olan sevgini onu arayıp sorarak,

görmek için can atarak gösteriyorsan...

Peygamberine olan sevginin en büyük kanıtı da O'nun (sav) gibi davranmaya, düşünmeye, yaşamaya çalışmakla olur.

Yani 'Peygamberini ne kadar seviyorsun' sorusu bi nevi 'Peygamberine ne kadar benziyorsun' sorusudur.

Şimdi, tam bu noktada, şuracığa bir Peygamber (sav) cümlesi bırakalım:

'Namaz gözümün nurudur.'

Mümkün olsa ve bir zaman makinesine binip teee 1400 yıl öncesine gitsek, sağa sola bakınıp 'Peygamberimiz nerede? Onu görmeye gelmiştik' desek, muhtemelen 'Namaz kılıyor' cevabını alırdık.

Çünkü O (sav) namazı öyle çok severdi ki, en sevdiği olan Rabbiyle buluşmaya günde 5 kere değil fırsat bulduğu her defa giderdi. Bir keresinde eşi Hz. Aişe uyanmış, yatakta Peygamberimizi (sav) göremeyince kalkıp içeriye bakmış ve eşini namaz kılmaktan ayakları su toplamış halde seccade başında bulmuştu.

'Gelmiş geçmiş bütün günahların affolunmuşken, neden kendini bu kadar yıpratıyorsun,' diye soran Aişe annemize Peygamberimizin (sav) verdiği cevap muhteşemdi:

'Ya Aişe, şükreden bir kul olmayayım mı?'

Peki Peygamberimiz (sav) sadece şükretmek için mi namaz kılardı?

Allah'tan istediği bir şey olduğunda, 'istek namazı' anlamına gelen 'hacet namazı', yolculuğun güvenle geçmesi için 'sefer namazı', korktuğu anlarda Allah'a sığınmak için 'tevbe namazı', Güneş-Ay tutulması gibi sık gerçekleşmeyen yeryüzü olayları olduğunda 'K-küsuf ve husuf namazı', çokkkk sevindiği bir olay olduğunda Rabbiyle mutluluğunu paylaşmak için 'şükür namazı', bayram sevincini çoğaltmak için 'bayram namazı', gece kalkıp ibadet ettiğinde 'teheccüt namazı' ve hiçbir sebep olmaksızın sadece Rabbiyle buluşmak, O'na olan özlemini dindirmek için sayısız 'nafile namaz' kılmak gibi hayatının pek çok ânına namazı serpiştirirdi.

'Dünyadan bana 3 şey sevdirildi...' diye başlayan hadisinde ilk sırada saydığı ve 'Çok seviyorum' diye defaten sözünü ettiği şey 'namaz'dı.

Yani diyorum, bir futbolcuyu sevince sırf o giyiyor diye aynı marka kramponu giyiyorsun, bir film yıldızı gibi yürüdüğünde kendini star gibi hissediyorsun, bir şarkıcının şarkısını sırf sevginden günde 50 kere dinleyip ezberliyorsun da... 'Çok seviyorum' dediğin Peygamberinin (sav) çok sevdiği namazı kılmaya üşenmek biraz ayıp olmuyor mu?

Hı?

Söyle bana.

Ya da ben sana akrostiş bir şiirle söyleyeyim:

79

Hiç var mıdır O'nun (sav) gibi güzel bir insan?
Ağzından çıkan her söz bal gibi lisan.
Yüreğimin tam ortasındadır O'nun (sav) yeri,
Dünya duysun beni 'Severim Peygamberimi'
İnsan O'nu (sav) düşündükçe huzur bulur
Nasıl bir sevgi bu yüreğim kıpır kıpır
Amellerin en güzeli namazdır dedi
Mescitte ve evinde sürekli secde etti
Allah'a şükrünü namazla verdi
Zorlukların üstesinden namazla geldi
Artık sen de namaza başlarsın, di mi?

Hiç düşünmüş müydün?

Namaz kılmaktan lezzet almanın en önemli yollarından birini açıklıyorum.
Hazır mısın?
Kâğıdın kalemin yanında mı?
Söylüyorum bak, kaçırma, geliyoooorrrrrr...
'Anlamak!'
Eğer namaz kılarken okuduğun surelerin, duaların anlamını bilirsen o zaman o sözleri söylemekten lezzet almaya başlarsın. Bence Fatiha'nın ve en az bir kısa surenin anlamını okuyup öğrenmelisin.
Ben de sana kıyak geçip diğer duaların anlamını yazıvereyim şuraya☺

Allahu Ekber: 'Benim yüce Rabbim 'tek' büyük olandır. O'nun (cc) büyüklüğü hiç kimseye ve hiçbir şeye benzemez' anlamına gelen bu sözü her gün kıldığın 5 vakit namazda tam 200 kere söylüyorsun.

Sübhane Rabbiye'l a'la: 'En yüce olan Rabbim bütün kusurlardan uzaktır. O'nun hiç kusuru yoktur' anlamına gelen bu sözü her gün kıldığın 5 vakit namazda tam 240 kere söylüyorsun.

Sübhane Rabbiyel azim: 'Çok büyük olan Rabbimin hiçbir kusuru, eksiği yoktur' anlamına gelen bu sözü her gün kıldığın 5 vakit namazda tam 120 kere söylüyorsun.

Semi Allahu Limen Hamideh: 'Allah kendisine hamd edenleri (şükredip, verdiği nimetler için teşekkür edenleri) işitir' anlamına gelen bu sözü her gün kıldığın 5 vakit namazda tam 40 kere söylüyorsun.

Rabbena lekel hamd: 'Güzel Rabbim sana şükrediyorum, verdiğin nimetler için sayısız teşekkür ediyorum. Teşekkürlerin en güzeli, en büyüğü, en kıymetlisi yalnız Senin içindir' anlamına gelen bu sözü her gün kıldığın 5 vakit namazda tam 40 kere söylüyorsun.

Esselamu aleyküm ve rahmetullah: 'Allah'ın selamı ve bağışlaması üzerinize olsun' anlamına gelen bu sözü her gün kıldığın 5 vakit namazda tam 26 kere söylüyorsun.

Allah'ın İbadetlerime İhtiyacı Mı Var?

'Allah'ın ibadetlerime ihtiyacı mı var' sorusunu sorduğuna göre seni 'kendinle' tanıştırmanın vakti gelmiş demektir.

Yaz yavrucuğum:

Ders: Biyoloji

Konu: İnsan Vücudu

İnsan dediğimiz varlık trilyonlarca mikroskobik hücreden oluşmuş bir canlı organizmadır. Her saniye vücudundaki hücrelerin 50 milyar kadarı ölür, sonra yerine yenileri yaratılır. Yani birisi 'Ayy öldüm öldüm dirildim' derse bu çok doğrudur. Hücresel boyutta her an ölüp sonra yeniden diriliyoruz sonuçta. Yalan mı?

600 adet kas, 206 adet kemik, binlerce tendon ve onlarca organ bizi hayatta ve ayakta tutar.

Sadece iki hayati organımız olan *kalp ve beyne* bakmış olsak bile şaşar kalırız.

Kalp, vücudumuza kan pompalayan şahane bir pompalama sistemidir. Hiç yorulmadan, durmadan, 'Uff bugün de mi aynı iş' demeden çalışır didinir. Kendine bağlı damarlardan kanı alır, temizler ve tekrar vücuda gönderir. Damar deyip geçme haa! Kalbe bağlı damarların uzunluğu yüz bin kilometreden daha fazladır.

Vücudun oksijen alışverişi, gıda alışverişi, enerji üretimi hep kalp sayesinde olur.

Kalbimiz dakikada ortalama 70-72 kere atar. Bu atışa göre hesaplarsak, 70 yaşındaki bir insanın kalbi 2,5 milyon kere atmış ve bu süre içinde 167.561.600.000 kilo kanı damarlarımıza pompalamış olur.

Peki ya beyin? Kalpten hiç de aşağı kalmaz valla.

Kendi içinde farklı bölümlere ayrılan beynimiz görmeden dokunmaya, işitmeden hareket etmeye, koku almadan düşünüp öğrenmeye kadar aklına gelebilecek her türlü faaliyeti yöneten organımızdır.

Zaten aklına gelebilmesini de beyin sağlar.

Ben bu cümleleri yazabiliyor, sen de okuyabiliyorsan çok şükür beynimiz var demektir.

Yani sınıf arkadaşın gıcık gıcık, 'Beyinsiz beyinsiz,' diye sana laf attığında hiç oralı olma bence.

Gayet de beyinlisin!

Ben şahidim.

Demin de söylediğim gibi, sadece bu iki organımıza bakmış olsak bile ne kadar süper, ne derece muazzam, nasıl da harika ötesi bir varlık olduğumuzu görebiliriz. Bak gözü, kulağı, burnu, böbreği falan hiç anlatmıyorum haa...

Ama...

Evet, koccaman bir ama...

Bu muazzam, muhteşem, kusursuz sistem aynı zamanda çok ihtiyaçlıdır.

Ve bu ihtiyaçları düzenli olarak karşılamazsan çöker gider. Öyle mükemmelliği falan da kalmaz.

Mesela kalbimiz...

1 dakika gibi kısa bir sürede tüm vücuda litrelerce kan pompalayan o tatlış, minnoş, kımıl kımıl organımız için yediğin içtiğin çok önemlidir. Çok yağlı yersen, 'Ayy bu hamburger çok güzel yaaa' deyip de anacığının bin bir emekle pişirdiği lahanaya burun kıvırırsan, asitli içeceklerin on yüz bin baloncuklarını her gün midene indirirsen kalbinin hastalanması için elinden geleni yapıyorsun demektir.

O çok harika düşüncelerle seni hayalden hayata daldıran beynin için de durum aynıdır. Düzenli uyumazsan, gününü televizyon başında geçirir, kitap okumak, oyun oynamak, bulmaca çözmek gibi beyin geliştirici faaliyetlerden uzak durursan beynin vücudunu yönetemeyecek hale gelir. Sonra da maazallah 'Ben bu işte yokum arkadaş!' falan der, istifayı basar gider.

Her organımız, her kasımız, her kemiğimiz, her hücremiz için durum böyledir. İhtiyaçlarını gidermezsek bozulurlar. Biz de en basit ifadeyle hasta oluruz.

Hiç birimiz uyumadan, nefes almadan, yemek yemeden, su içmeden yaşayamayız.

Yani uykuya, oksijene, yemeye, suya, havaya ihtiyacımız var.

Tüm bu yaşamsal ihtiyaçları düşündüğümüzde diyebiliriz ki, *bizler çok ihtiyaçlıyız.*

Peki o zaman, yine yaz bakalım tahtaya:

Ders: Psikoloji

Konu: Psikolojik İhtiyaçlarımız

Ne sandın?!

İnsan sadece et ve kemikten ibaret değil tabii.

Şu mekanizmanın hayatta kalabilmesi için duygusal ihtiyaçlarının da giderilmesi gerek.

Mesela 'sevmek ve sevilmek' bizim ihtiyacımız. Bu yüzden diğer insanlara muhtacız. Hayatımıza girecek, bizi sarıp sarmalayacak, bizi önemseyip değer verecek kişiler olmadan yaşayamayız. Anne, baba, akrabalar, arkadaşlar ve etrafımızdaki bütün insanlar bizim yaşamsal ihtiyaçlarımız.

Akşam uykudan önce annemiz saçımızı okşadığında, bize tatlı sesiyle bir kitap okuduğunda, hele ki okuduğu kitap da bu kitapsa (tamam tamam mevzudan sapmayayım☺) içimize dolan o sıcacık hisse ihtiyacımız var.

Çok çalıştığımız fen projesinden 95 aldığımızda 'Afferin evlat' deyip sırtımızı sıvazlayan baba eline ihtiyacımız var.

Bir konuyu anlamadığımızı gördüğünde 'Dert etme yavrum. Bugün dersten sonra senin için okulda kalıp tekrar anlatırım' diyen sıcak öğretmen sesine ihtiyacımız var.

Çekirdeğin kabuğunu yanlışlıkla yere düşürdüğümüzde 'Evladım bahçemizi temiz tutalım' diyen komşunun bizi ve yaşadığımız çevreyi önemseyen duyarlı nefesine ihtiyacımız var.

Bize olan sevgisini ifade etmek için 'Kanka, panpa, ponçiko, bırom' gibi ne idüğü belirsiz kelimelerle bizi oynamaya çağıran arkadaşlara ihtiyacımız var.

Ve tüm bu nimetleri bizim için yaratan, yoktan var eden, etrafımızı adeta nimet bahçesine çeviren Rabbimize çok, çok, çooooooookkkkkkk ihtiyacımız var.

Peki Allah?

Allah öyle mi sence?

Karnı acıkan bir insanın Amasya elmasını kütür kütür mideye indirdikten sonra 'Benim elmaya değil, elmanın bana ihtiyacı vardı' demesi nasıl komikse...

'İyi ki ben varım yaa! Ben olmasam bu kalp kime kan pompalayacaktı' diye düşünmek ne derece abese...

'Ne demekmiş hava olmadan insan yaşayamaz?! Bence insan olmadan hava yaşayamaz!' teorisi nasıl da anlamsızsa...

Kâinattaki tüm zerreleri yaratan Allah'ın, kendi yarattığı herhangi bir şeye ihtiyacı olduğunu düşünebilmek de o derece komik, abes ve anlamsızdır.

Çünkü en basit mantıkla, ihtiyacı olan kişinin ihtiyaç duyduğu şeyi yaratabiliyor olması bile onu ihtiyaç sahibi olmaktan çıkarır.

'İhtiyaç' kelimesinin barındırdığı yokluk, yoksunluk, yoksulluk gibi kavramlardan münezzeh olmasına yol açar.

E madem namaza Allah'ın ihtiyacı yok, o zaman gel doğru soruyu soralım:

'Benim namaza neden ihtiyacım var?'

İşte sana namaz kılmak için 10 harika sebep!

Neden Namaz Kılmalıyım

Vol. I: 'İhtiyaçsal Sebepler'

'Namaza neden ihtiyacım var' sorusunun cevabını bulabilmemiz için azıcık *ruhlar âlemine* gitmemiz gerek.

Yok yok korkma hemen.

Hayaletlerden falan bahsettiğimiz yok.

Yani varsa da, sevimli hayaletlerden bahsederiz ancak.

Casper gibi öyle pamuk pamuk, tontiş tontiş olanlardan.

İnsanın iki önemli yapı taşı var: 'Beden ve Ruh'

Bu ikisi birbirine kardeş, arkadaş, hatta yoldaş olarak yaratılmış.

Dünya hayatı için konuşursak, biri olmadan diğerinin olması pek mümkün değil. Hiçbir beden ruhsuz hayatta kalamayacağı gibi, hiçbir ruh da bir bedeni olmadan ortalarda gezip tozamaz.

Yani her insanın bir bedene, bir de ruha ihtiyacı vardır.

Allah (cc), bizleri yaratırken bu iki arkadaşı bize emanet eder. İnsana da tembihler;

'Hem bedenine, hem ruhuna çok iyi bak. Yoksa onları hasta edersin. Hayatın zor ve zahmetli olur' der.

Bedenimize bakmak için neler yaparız?

Beslemek için yemek yeriz, dinlendirmek için uyuruz, arındırmak için yıkanırız, soğuktan korumak için giyiniriz... Bu gibi işleri düzenli yaparak 'beden sağlığımızı' korumayı hedefleriz.

Yapmazsak ne olur?

E hasta oluruz.

Sonrası malum. Daha küçücükken 'Doktor gelir odana, iğne yapar popona' şarkısıyla öğretmişti bize annemiz.

Peki ruhumuz?

Ruhumuza bakmak için neler yaparız?

Ruh, bizim ulvi parçamızdır.

Yani yücedir.

Çünkü Rabbimizin bize *'kendinden'* verdiğidir.

Bunu bize Rabbimiz söyler.

Hicr Suresi 29. ayette '...insana ruhumdan üflediğim vakit...' diye tarif eder.

Bu yüzden ruhumuzu beslemek için Rabbimizle sürekli iletişim halinde olmamız gerekir.

İşte *ibadetler* bunu sağlar.

Ben ibadetleri şarjı bitmiş telefonu prize takmaya benzetiyorum.

Çünkü —*aynı telefonumuz gibi*— ruhumuzun da şarjı biter. Ruhun şarjını doldurmak için onu her gün prize takmamız gerekir. Fişi prize taktığımızda asıl membaa da ulaşmış oluruz. Aradaki 'ibadet' kablosu sayesinde ruhumuz parçası olduğu Rabbine tutunur, ondan güç alıp şarj olur.

Dürüst olmak, vicdanlı davranmak, hata yaptığımızda özür dilemek ve hatadan dönmek, güler yüzlü olmak, çevreyi temiz tutmak, zor durumda olanlara yardım etmek, zekât vermek, oruç tutmak ve tabii ki namaz kılmak... Bu gibi ibadetler bize verilmiş *en kaliteli şarj aletleridir.*

Bu şarj aletlerini ne kadar çok kullanırsak ruhumuzu o denli çok şarj etmiş oluruz.

Diğer türlü maazallah bitik bataryayla dolanır dururuz ortalıkta.

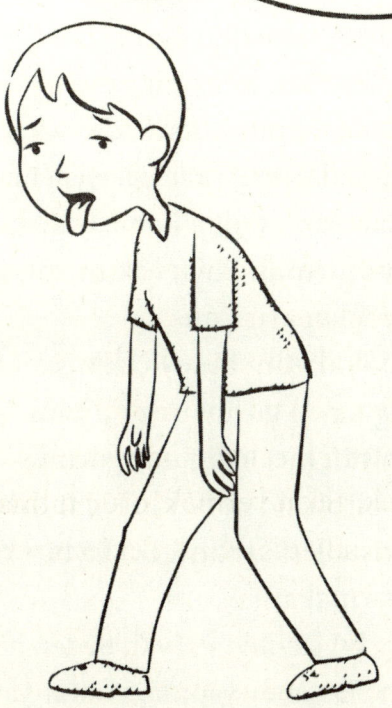

Neden Namaz Kılmalıyım
Vol. 2: 'Sudan Sebepler'

'Neden namaz kılmalıyım' sorusunun cevabını aramak için şimdi seni teeee Japonya'ya uçuracağım.

— Japonya mı?

— Ne sandınnn? İlim Çin'de olsa alınır da, Japonya'da olunca yüzüne bakılmaz mı yani?

Japonya'da kafayı suya takmış bir arkadaş varmış. Adı Emoto'ymuş bu arkadaşın. Arkadaşlarıyla bir araya gelince herkes havadan sudan konuşurken, Emoto hep sudan konuşurmuş. Suyu çok merak eder, inceler, moleküllerine falan ayırırmış.

Bir gün Emoto'nun dikkatini bi şey çekmiş. Biz dıştan bakınca suyu aynı görüyoruz ya hani... Emoto moleküler yapısını incelediğinde görmüş ki, bazı suların yapısı birbirinden farklı. Kimi daha düzenli, billur gibi, kristalleri şahane. Başka biri kötü, kristalleri düzensiz, karmakarışık.

Emoto, 'Allah Allah, bu suyun nesi var, neden böyle' falan diye düşünürken bir deney yapmaya karar vermiş.

Küçük küçük kaplara su koyup yan yana dizmiş. Bazı kaplara kötü sözler söylemiş, küfür etmiş, hakaretler yağdırmış.

92

Tabi bunu Japonca söylemiş.

— *'Hudivoto, gıcıkosa, huttivittosan, erzikolozoooo! Hi yaayyyttt!'* falan gibi bi şey demiş.

Diğer kaplardaki suyuysa çok sevmiş, bağrına basmış, sevgi pıtırcığı gibi davranmış onlara.

— 'Canımın içi su, çok seviyorum seni. Susadın mı gülüm benim, su vereyim mi azıcık' gibi şeyler söylemiş.

Bu iki grubun dışında bir grup daha su kabı varmış. Onlara iyi-kötü hiçbir şey söylememiş Emoto. Sadece Kur'an-ı Kerim dinletmiş. Ve birkaç gün sonra su kaplarını alıp moleküllerini incelemiş.

Bir de ne görsün?!

Hakaret edilip hor davranılan sular resmen kokuşmuş. Molekülleri bozulmuş, kristalleri eğrilmiş. Tam bir molekül çöplüğüne dönüşmüş su.

Güzel sözler söylenip sevilen, ilgi gösterilen su molekülleri ise gayet derli toplu, düzenli, mis gibiymiş.

Ama asıl bomba haber Kur'an-ı Kerim dinletilen su moleküllerinden gelmiş. Kur'an dinletilen su molekülleri normal hallerinden daha iyi, düzenli, parlak ve ışıltılıymış. Emoto gözlerine inanamamış. Kur'an'ı sadece dinlemek bile su moleküllerini ışıltılı yıldızlara dönüştürmüş.

Şimdi gelelim bize.

Yani 'insan'a...

İnsan vücudunun %70'i sudan oluşur. Hatta vücuttaki su oranı bebeklerde ve çocuklarda yetişkinlere göre çok daha fazladır. 30 yaşında bir yetişkinin vücudunda %70 oranında su varsa, 7 yaşında bir çocuğun %75, küçük bir bebeğin %80 oranında su var demektir.

Yani hepimiz Emoto'nun deneyindeki su kapları gibiyiz. Bedenimizi içinde su bulunan kocaman bardaklar gibi düşünürsek, dışarıdan gelen etkiler iyi ya da kötü yönde bardağımızdaki suyun moleküllerine etki eder.

Mesela annenle tartıştın ya da kardeşine hiç söylemek istemeyeceğin kötü bir söz söyledin... Veya televizyonda izlediğin çizgi filmde vurdulu kırdılı olumsuz sahneler çıktı birden. Ya da bir yutubırı takip ediyordun ve o da argo kelimelerle konuşmaya başladı. Belki de öğretmenin okulda yapmadığın ödev için kızdı ve sana arkadaşlarının önünde hakaret etti. 'Tembel çocuk seni!' dedi.

İşte gün içinde olan bu kötü olaylar negatif elektrikler yayarlar. Bu negatif hava, aynı Emoto'nun deneyindeki gibi vücudumuzdaki su moleküllerine tutunur. Güzelim molekülün tadını kaçırıp pozitif elektriğini yer bitirir. Sonra da moleküllerimiz kokuşmaya, bozulmaya, düzensiz olmaya başlar.

Hani bazen, 'Ufff bugün hiç havamda değilim. Ayy canım çok sıkkın, çok gerginim' falan deriz ya... İşte sebebi moleküllerimize tutunan bu negatif cümlecikler ve olaylardır.

Ama ne zaman canımız böyle sıkkınken iyi bi şey olsa, annemiz sarılıp yanağımıza bir öpücük kondursa, yazılı sonuçları açıklansa da 100 aldığımızı öğrensek, çokkk sevdiğimiz kankamız bizi ziyarete gelse, sevdiğimiz bir kitabın satırlarına gömülsek... İşte böylesi anlarda da hissettiğimiz olumlu hava dalgası moleküllerimizin elinden tutar ve onları düzenli, uslu, hanım hanımcık moleküller yapmak için gayret gösterir.

Amaaaaa...

Evet, kocaman bir amaaaa...

Bu çaba çoğu zaman yetersiz kalır. Çünkü moleküllerimize saldıran o kötü hava dalgaları oldukça çok ve etkilidir. Yalan, dedikodu, haset, fesat, gıybet, küfür, hakaret, şiddet, riya... O kadar çok kötü hava dalgası var ki etrafta, iyilikler ne kadar uğraşsa da tam anlamıyla başarılı olmaları zordur.

Onlar da boş durmazlar tabii, eğer sen destek olursan hemen süper kahraman takımını çağırırlar.

Süper kahramanlar kimler mi?

Emoto'nun deneyinde üçüncü aşamayı hatırla! Moleküllerin olduklarından çok daha sağlıklı, ışıltılı ve yaldızlı olmasını sağlayan şey neydi?

— Kur'an okumaaaak!

— Aynen öyle.

Şimdi 'neden namaz kılmalıyız' sorusuna gelelim.

Bence namazı sudan sebeplerle kılabiliriz☺

Çünkü bizler her namazımızda Kur'an'dan ayetler ve dualar okuruz. Okuduğumuz bu ayet ve dualar süper güç hava sahası oluşturup, su moleküllerimizi tehdit eden kötü hava dalgalarını yok ederler. Vücudumuzun suyunu atıklardan arındırır, pırıl pırıl, mis gibi yaparlar.

Yani bi Fatiha Suresi asla sadece Fatiha Suresi değildir.

Moleküllerimizi pırıl pırıl yapan, kötülükleri savuşturan bir süper kahramandır o!

Bügün de kötülükleri yendik çok şükür.

Neden Namaz Kılmalıyım

Vol. 3: 'Sevgisel Sebepler'

Dünyanın en kanıt gerektiren, en ispat isteyen, en hareketli, en kımıl kımıl sözcükleri 'Seni Seviyorum' kelimeleridir.

Neden?

Çünkü sevgi *ispat* ister.

Mesela annenle babanı düşünelim.

Babanın anneni sevdiğini anlarsın çünkü sofrayı kurmasına yardım eder, yeni bir kıyafet giydiğinde fark eder, 'Eline sağlık hanım, kıyafetin çok yakışmış canım, ne güzel bir yemek olmuş tatlım...' gibi iltifatlar eder, sırf o istiyor diye arada bir çiçek getirir, bazı günler hiçbir şey yapmasın, otursun dinlensin diye kardeşinle seni parka götürür, annenin önemsediği günleri önemser, annenin sevdiği kişileri sever, annenin en sevdiği rengi, sayıyı, yemeği falan bilir... Sen de babanın bu davranışlarına bakıp, 'Ayy canım babam annemi ne çok seviyor' dersin.

Sonra anneni görürsün; sabah erkenden kalkıp kahvaltılar hazırlar, baban eve gelmeden önce saçlarını tarar, hafif süslenir, heyecan duyar, sırf baban öyle sever diye onun sevdiği tatlıları hazırlar, babanın yaptığı işleri takdir eder, ona sarılır, elini tutar, doğum günlerinde sevdiği pastadan yapar... Sen de annenin bu davranışlarına bakıp, 'Ayy canım annem babamı ne çok seviyor' dersin.

Baban eve geldiğinde televizyonun başına geçse, annenin yüzüne bile bakmasa, annen konuşurken dahi gözünü maçtan ayırmasa, yediği yemeğe 'eline sağlık', içtiği çaya 'teşekkür ederim' demese, hiç iltifat etmese, sevgi sözcükleri söylemese, arada annenin seveceği sürprizler yapmasa, ne bileyim, annen 'Yoruldum' dediğinde ona yardımcı olmak yerine 'Bütün gün ne yapıyorsun da yoruldun!' gibi cümlelerle onun kalbini kırsa... Sen yine de babanın anneni çok sevdiğini düşünür müydün?

Ya da annen baban işe giderken yataktan bile kalkmasa, camdan bakıp bi el sallamasa, ardından dua etmek yerine hep söylense, şikâyet etse, 'Boyu devrilesice adam!' dese, sırf baban sever diye yaptığı hiçbir şey olmasa, akşamları babanın gözüne bakmak yerine dizilerin gözünün içine baksa... Sen yine de annenin babanı çok sevdiği düşünür müydün?

Yani 'Belki içinden seviyordur' gibi bir iyi niyet takınabilirdin ama ilk örnekteki gibi olsa kesin sevgiyi daha çok hissederdin. Çünkü seviyorum demek bir 'iddia' ise, sevdiğin kişinin sözlerini önemsemek, onu mutlu etmek için gayret etmek de işin ispatıdır!

Mesela diyelim ki bir arkadaşın var.

Sana, 'Sen benim en sevdiğim arkadaşımsın, kankamsın,' falan diyor.

Seni çokkkkk sevdiğini söylüyor.

Sen, 'Haydi ayran içelim, ben çok severim,' diyorsun.

O, 'Iyyyy ayranı mı seviyorsun ben hiç sevmem,' diyor.

Sen teneffüste, 'Haydi oyun oynayalım,' diyorsun.

O, 'Seninle oyun oynayamam, yorgunum, vaktim yok, başka işim var,' diyor.

Sen, 'Haydi birlikte resim yapalım,' diyorsun.

O, 'Yapacak daha önemli şeylerim var,' diyor.

Sen, 'Haydi birlikte kitap okuyalım,' diyorsun.

O, 'Ne kitabı şimdi yaa, git kendin oku,' diyor.

Sen ne zaman 'Haydi' desen, o hemen 'Sonra, başka zaman, istemem, yorgunum, daha önemli işlerim var' cevabını veriyor.

En sonunda demez misin:

'Bu nasıl sevgi leynnnnn!' diye.

Haklısın. Bence de bu tuhaf bi sevgi anlayışı olur. O kadar seviyorum de, sonra hiçbir isteğini yapma, hiçbir çağrısına kulak verme. Olacak iş değil.

O zaman sana bi soru sorayım:

— *Rabbini seviyor musun?*

— *Ev...*

Dur! Hemen 'evet' deme! Yani de tabii de, önce düşün sonra de.

Hatta sen düşünürken ben bi musiki arası vereyim.
Dünyanın en tatlı, en içine dokunan melodilerini
yazayım şuracığa:

*'Allâhü ekber, Allâhü ekber, Allâhü ekber, Allâhü
ekber*
Eşhedü en lâ ilâhe illallah, Eşhedü en lâ ilâhe illallah
Eşhedü enne Muhammeden Resûlullah, Eşhedü enne
Muhammeden Resûlullah
Hayye ale's-salâh, Hayye ale's-salâh
Hayye ale'l-felâh, Hayye ale'l-felâh
Allâhü ekber, Allâhü ekber
Lâ ilâhe illallâh'

Bak anlamı da şöyle:

'Allah en büyüktür, Allah en büyüktür, Allah en
büyüktür, Allah en büyüktür
Allah'tan başka ilah olmadığına şahitlik ederim,
Allah'tan başka ilah olmadığına şahitlik ederim,
Muhammed (sav)'in Allah'ın elçisi olduğuna şahitlik
ederim, Muhammed (sav)'in Allah'ın elçisi olduğuna
şahitlik ederim
Haydi namaza, Haydi namaza
Haydi kurtuluşa, Haydi kurtuluşa
Allah en büyüktür, Allah en büyüktür
Allah'tan başka ilah yoktur.'

Şimdi sen soruma cevap vermeden önce, günde 5 defa duyduğun ve adına 'ezan' dediğin şu çağrının dördüncü cümlesine bakalım beraberce.

Allah ne diyor?

'Haydi namaza!'

Sonra bi daha ne diyor?

'Haydi namaza!'

Sonra?

'Haydi kurtuluşa!'

Ve tekrar?

'Haydi kurtuluşa!'

Yani sırf 'Haydi' diye başlayan, seni davet eden cümlelere baksak her ezanda 4 defa, günde 5 kere, yani dört kere beş toplam 20 kere sana, 'Haydi gel canım kulum' diyen bi Rabbin var.

Bir değil, iki değil, üç değil, tam yirmi kere birlikte olmaya, huzurda buluşmaya davet ediyor seni Allah.

Senin sevdiğin bi arkadaşına, 'Haydi oynayalım, haydi bi pas atalım, haydi lastik oynayalım, haydi buluşalım, haydi görüşelim,' demen gibi, 'Haydi her şeyi bırak şimdi gel de buluşalım,' diyor.

Her namaz kıldığında, ezanı duyup işi gücü bıraktığın ve seccadenin başına her koştuğunda sen de Rabbinin, 'Haydi,' demesine, 'Geldim canım Allah'ım,' demiş oluyorsun.

'Sen çağırırsın da ben gelmez miyim?'

O zaman sorumu tekrar soruyorum.

— Rabbini seviyor musun?

— Evet, evet, evet! Günde 5 defa evet!

— Bak ezan okundu! Seviyorsun madem, git söyle bence...

Neden Namaz Kılmalıyım

Vol. 4: 'Çikolatasal Sebepler'

Gel biraz hayal kuralım.

Sana desem ki,

'Bir yer hayal et, bir şehir mesela. Yaşadığın şehri hayal et. Öyle bir hayal olsun ki, hiiiçççç sınırı olmasın. Her şey mubah, her şey serbest. Dilediğin her şeyi şehrine koyabilir, istemediğin şeyleri şehrinin yanına yanaştırmayabilirsin. Ne düşünür, nasıl bir şehir hayal ederdin?'

Gökkuşağı gibi rengârenk bir gök kubbe mi koyardın göğüne? Yoksa denizleri tutar, göğe kaldırır, hayata tersten mi bakardın?

Ağaçlar böyle yeşil yapraklı mı olurdu? Yoksa kimi yaprağı kuş, kimi yaprağı kedi, kimi yaprağı kelebek şekline mi sokardın?

Bulutlar yine böyle bembeyaz mı dururdu? Yoksa pembe pamuk şekerini göğe serpiştirir, dilediğin zaman göğe uzanıp bi tadına mı bakardın?

Toprağı çikolata, çiçeği dondurma, ağacı lolipop şekeri gibi hayal ederdin belki de.

Ya da su değil de, süt damlaları olurdu belki hayal şehrinin denizlerinde.

Belki de hiçbiri olmazdı. Şu ana kadar duyulmamış müzikleri duyardı insanlar senin şehrinde. Hiç tadılmamış yemekleri yer, hiç görülmemiş manzaraları izlerlerdi.

Şimdi gel seninle bi anlaşma yapalım.

Anlaşma şartları şu: Sen her gün hiç aksatmadan namazlarını kıl, ben de sana hayalindeki şehrin gerçek olacağına dair söz vereyim.

Valla bak, gerçekten böyle bi şehir mümkün.

Hem bu sözü ben vermiyorum, Allah veriyor!

Yüce Rabbimiz Kur'an-ı Kerim'de, namaz kılan kullarını defaten cennetiyle müjdeliyor.

Ama 'cennet' deyip geçme haa.

Hayallerinden bile güzel bir yerden bahsediyorum burada. Hatta ben susayım, yüce Rabbimiz bize Kur'an aracılığıyla cenneti tarif etsin.

Desin ki;

'Cennet, Müslümanlar için mükâfat olarak hazırlanmış, orada sonsuza dek kalacakları bir yerdir.' (Tevbe:72, Furkan:15)

'Genişliği göklerle yer kadardır.' (Âl-i İmran:133, Hadid:21)

'Altından ırmaklar akar.' (Bakara:25, Âl-i İmran:15-136, Nisa:57)

'Cennette elbiseler ipek ve atlastan olup yeşil renkli, altın ve incilerle bezenmiş haldedir.' (Hac:23, Fatır:33, Duhan:53)

'Cennette Müslümanlara altın ve gümüş bilezikler takılacaktır.' (Kehf:31, Fatır:33, İnsan:21)

'Oranın yemişi ve gölgesi süreklidir.' (Ra'd:35)

'Berrak, içene lezzet veren, sersemletmeyen ve sarhoş etmeyen içkileri vardır.' (Saffat:46-47)

'Çeşitli meyveler vardır.' (Yasin:57, Zuhruf:73)

'Cennet ehlinin canlarının istediği kuş etleri vardır.' (Vakıa:21)

'Orada insanın canının istediği ve gözüne hoş gelecek her şey vardır.' (Zuhruf:71)

'Bahçeler ve üzüm bağları vardır.' (Nebe:32)

Bu bağların gölgeleri insanın üzerine sarkar, meyveleri de kolayca koparılacak şekildedir.' (İnsan:14)

'Orada boş laf ve kötü söz işitilmez, sadece güzel sözler ve muhabbet işitilir.' (Vakıa:25-26, Meryem:62)

'Orada yorulmak yoktur.' (Hicr:48, Fatır:35)

'Orada ölmek de, sıkıntı ve hastalıklar da yoktur.' (Saffat:58-59, Duhan:56)

'Orada korkmak ve üzülmek yok, sevinmek vardır.' (Fussilet:30)

'Bozulmayan sudan, sütten, şaraptan ve baldan ırmaklar vardır.' (Muhammed:15)

'Yükseklerde kurulmuş döşekler ve mücevherlerle süslenmiş tahtlar vardır.' (Vakıa:15-34, Ğaşiye:13)

'Yiyecek ve içecekler altın tepsi ve kadehlerle sunulur.' (Zuhruf:71)

Yani cennette yok yok.

Her şey var.

Dilediğin, hayal ettiğin her şey...

Hiçbir şey için olmasa, şu çikolata şelalesi hayali için bile insan hemen koşar seccadesinin başına.

O zaman ne diyelim, 'Cennete gidemezsek yandık!'

Neden Namaz Kılmalıyım

Vol. 5: 'İnsansal Sebepler'

'İnsanlar neden namaz kılar' sorusunun en temel cevabı bence şudur:

'Çünkü *insandırlar*.'

İnsan olarak yaratılmış olmak, insana yaraşır bir hayat yaşamayı gerektirir.

Ama istersen önce olaya tersinden bakalım.

'İnsanlar neden namaz kılar' sorusunu tersten soralım ve diyelim ki, 'Hayvanlar neden namaz kılmaz?'

Bir hayvanı düşünelim.

Mesela kediyi...

Yumuşacık, pofuduk tüyleri vardır. Bu tüyler sayesinde yazın sıcaktan, kışın soğuktan korunur. Bizim gibi kıyafet giymesine gerek kalmaz. Karnını doyurmak için yıllarca okul okumasına, meslek sahibi olmasına, iş bulmasına gerek yoktur. Bir fare bulsa ya da çöpleri karıştırıp atılmış yiyecek parçalarını mideye indirse karnı doyar. Ne sofra arar, ne tabak çanak. Başında 'yavrummm ödevini yaptın mı' diye söylenen bir annesi de yoktur kedinin, çünkü ödevi yoktur. Karnı toksa iş tamam; bütün gün yayılsın, yatsın, yalansın dursun. Kedideki keyif beyde paşada yok valla.

Peki bu kadar nimetin, bu denli çok keyfin yanında kediler neden namaz kılmaz? Onun da canı var sonuçta, o da şükretsin Rabbine.

De mi ama?!

Hiç!

Ya da bir ördeği ele alalım. Yumurtadan çıktığı an paytak paytak suya doğru yürür. Suya girdiği an yüzmeye başlar. İnsan öyle mi? Yok kolluk tak, yok havuzun kenarını tut, ayaklarını çırpmayı öğren, yüzme öğrenene kadar Hasan amcanın 'Ördek suya daldı zil çaldı' şakasına defalarca maruz kal, boğulma tehlikesi atlat... Ördeğin keyfi yerinde tabii. Atlasın suya yüzsün. Oh! Hayat ördeğe güzel arkadaş. O zaman o da namaz kılsın. O da teşekkür etsin Allah'a. 'Bana bu muazzam yüzme yeteneğini verdiğin, beni kolluğun ve simidin şerrinden muhafaza ettiğin için teşekkür ederim Allah'ım' desin.

En az sevilen, en değeri bilinmeyen küçük bir tırtıla baktığımızda bile muazzam nimetler görürüz. İnsan yavrusu büyüyüp genç olurken yüzünde sivilceler çıkar, burnu patlıcan gibi olur, ter kokmaya falan başlar. Oysa tırtıl öyle mi? Tırtılın büyüyüp genç olması kelebeğe dönüşerek olur. Yani senin ergenliğin 'sivilce', tırtılın ergenliği 'kelebek'!

O zaman tırtıl da namaz kılsın arkadaş!

Kelebek olmanın hakkını versin.

Üç günlük ömrüm var falan demeden sersin seccadesini ağacın dalına!

Bu hipotezler her ne kadar mantıklı gibi gözükse de, insanlarla hayvanları ayıran çok büyük bir özelliği ıskalar niteliktedir.

— Akıl mı?

— Yok yok kesin zeka?

— Ya da toptan beyin mi desek???

Bu 8 harfli ama harfinden büyük etkileri olan kelime insanı hayvandan farklı kılan en temel özelliktir: **'TEFEKKÜR'**

Kedinin onu koruyan tüyleri, yüksek yerlerden düşünce yaralanmaması için dört ayak üstüne düşmesini sağlayan ince bi sinir sistemi, insanların yiyecek atıklarıyla doymasını sağlayan küçük bir midesi, vücudundaki bakteri ve parazitleri ayıklaması için tasarlanmış tırtıklı sert bir dili, yalanıp fazlaca tüy yuttuğunda midesinde oluşan yanmayı durdurması için onu ot yemeye yönelten bir içgüdüsü vardır. Ve bunların hepsi kedi için birer nimettir. Fakat kedi bunu bilmez. Bunun farkındalığını hissedemez. Bir içgüdü olarak fareye saldırır, otu yer, sudan kaçar ama tüm bunları düşünerek, taşınarak, aklederek ve fikrederek yapmaz.

Ördek doğar doğmaz suya doğru ilerleyip, kendisi için özel olarak tasarlanmış palet gibi ayaklarıyla yüzmeye başlar. Beslenebilmesi, kendini sıcak ve soğuğun etkilerinden koruyabilmesi ve hayatta kalması için bu özellik ördek açısından bir nimettir.

Ama ördek bunu bilmez, idrak etmez, bu davranışları bir irade ile ortaya koymaz. Aynı programlanmış bir bilgisayar oyunu gibi, yazılımına yazılmış olanı yaşar. Yaşadıklarında kendi 'fikir'leri yoktur.

Aynı şey kelebeğe dönüşen tırtıl, keskin gözleriyle kilometrelerce uzağı görebilen kartal, tehlikeyi hissettiğinde bulunduğu ortamın rengine bürünüp avcılardan saklanan bukalemun, milimetrik ilmeklerle dünyanın en muazzam dantellerini işleyen örümcek, insan için sayısız şifalar barındıran 'bal' gıdasını midesindeki polenleri kusarak oluşturan arı, ağırlığının 50 katını taşıyabilecek güç ve kilometrelerce uzaktaki bir yiyeceği bulabilecek reseptörlere sahip karınca için de geçerlidir.

Evet, hayvanlar muazzam yeteneklerle ve insana parmak ısırtan donanımlarla yaratılmışlardır. Ve bu özellikler hayvanların hayatta kalması adına birer nimettir. Ama hayvanlarda 'nimet' kavramını fark edebilecek bir düşünce, akıl ve muhakeme becerisi yoktur.

Yani hayvanlar *tefekkür* edemezler.

Bu yüzden Allah'a şükretme biçimleri de, yine Allah'ın onların donanımına kaydettiği fiillerle olur.

Bir arı, 'Bugün 1 kilo bal yaptım. Gideyim de bi şükür namazı kılayım,' diyemez. 'Bal' yapıp kâinatın halifesi olan insanın yararına bir eylem ortaya koyuyor olması zaten onun şükrüdür.

Bir kelebek, 'Ayy şu kanatlarımdaki rengin güzelliğine bak. Bugün teheccüte kalkayım da Allah'a şükrüm tam olsun,' gibi bir düşünceye sahip olamaz. En usta ressamların çizemeyeceği güzellikte desenleri kanatlarında taşıyarak kırlarda, çimenlerde salınarak uçması ve insanın gözünü doyuran bir sanat ortaya koyuyor olması zaten onun şükrüdür.

Ama insan fark edebilir, fikredebilir...

Aynaya bakıp, 'Çok şükür Allah'ım gözüm, burnum, ağzım, yüzüm, saçım, elim, ayağım... Hepsi yerli yerinde. Onlar olmasa hayat zor olurdu. Çok şükür bana verdiklerin için. Gideyim de bi şükür namazı kılayım,' diyebilir.

Kollarını gölgelik olsun, yaprağını şifa olsun diye insana uzatan bir söğüt ağacına yaslanıp da, 'Şükürler olsun Rabbim, şu ağaçlar gece gündüz bize oksijen üretmek için çalışıyor. Şu güzel söğüdün gölgesine ilişeyim de bi öğle namazı kılayım,' diye düşünebilir.

Tavuk, kümesinde yediği yemin lezzetli olup olmamasını anlama kabiliyetinde değilken, insan kahvaltıda yediği yumurtanın lezzetini damağında hissedip ona bu lezzetli yiyecekleri sunan ve diline damağına onlarca tat alma reseptörü takan Allah'a şükretmek için ikindi ezanı okunduğunda seccadesinin başına koşabilir.

Ve insana has olan bu özelliğe, 'tefekkür' denir.

Tefekkür, 'Çimene bakarken ineğin baktığı gibi bakıp geçme, sen inekten fazlasını yap. Hem çimeni gör, hem de çimeni sana verenin sevgisini...' demektir.

Sorumuza geri dönecek olursak: 'İnsanlar neden namaz kılar?'

El-cevap: Çünkü insandırlar.

Çünkü *İnsan olanlar, akledip düşünebilenler* namaz kılarlar...

Sadece insanlar.

Neden Namaz Kılmalıyım

Vol. 6: 'Beyinsel Sebepler'

Sana bir sorum var.

— Beyin ne iş yapar?

— Kimin beyi? Ben evli değilim ki! Annemin beyi mi? Babam mı yani? Babam doktor benim...

— Yok evladım, kafanın içindeki organdan bahsediyorum. Hani düşünüyoruz, kararlar falan veriyoruz ya beynimizle... İşte o 'beyin' ne iş yapar?

— Bi düşüneyim...

Sen beynin görevlerini düşünürken ben de kalbin kadar temiz şu sayfaya dersi ve konuyu yazayım.

Ders: Biyoloji

Konu: Namaz

Nasılll yaniiii???

Şöyle ki, beynimizin temel görevleri bilinçli hareketler gerçekleştirmek, organlardan gelen mesajları değerlendirmek, acıkmayı, susamayı, uykuyu kontrol etmek, duyguları yönetmek gibi şeylerdir. Vücudumuzu bir okul gibi düşünürsek, beynimiz bi nevi okul müdürüdür anlayacağın.

Yalnız bir okulu öyle tek başına yönetmek kolay bi iş değil takdir edersin ki... Müdürlüğün belli alt birimlerinin de olması gerekir. Müdür yardımcıları, sekreterler, öğretmenler, idari sorumlular gibi pek çok birimle yönetilir okullar. Vücudumuzda da yönetim merkezine genel olarak 'beyin' desek de, bu cevize benzeyen kıvrım kıvrım organımız belli bölümlerden oluşur. Her bölümün bir görevi, vücutta gerçekleştirdiği bir işlevi vardır.

Mesela *amigdalayı* ele alalım. Beynin bademe benzeyen bu tatlış bölümü korku başta olmak üzere pek çok duygumuzu kontrol eder ve kaydeder. Mesela elini arı soktu diyelim, amigdala bunu, 'Sana zarar veren şeyler' listesine yazar. Bu yüzden her arı gördüğünde kalbin çarpar, nefes alış verişin hızlanır, korku sinyalleri vermeye başlarsın.

E amigdala haklı! Korkup kaçacaksın ki öyle zırt pırt zarar görmeyesin☺

Ya da *beyinciği* düşünelim. Ense kökümüze yakın bir yerde duran minik beynimize beyincik diyoruz. Kendi minik, görevi büyük bu arkadaş dengede durmamızı sağlıyor ve hareketlerimizi kontrol ediyor. Yani gün gelir annen 'Ne sakar şeysin' falan diye çıkışırsa, 'N'aaapıyım, suç benim değil ki! Suç beyinciğimin,' deyip ortamdan uzaklaşabilirsin.

İşte beynin bu çeşit çeşit bölümleri içinde bir bölüm daha var ki, konumuzla oldukça ilgili.

İsmi, *prefrontal korteks...*

Yeri, alnımıza denk gelen bölüm.

Görevi ise kararlarımızı yönetmek.

Düşünüp taşınarak verdiğimiz kararların merkezi tam da burası. *Alnımız...*

Kur'an okurken fark ettiğin üzere *(Tabii ki ben senin Kur'an okuduğunu düşünüyorum. İnsan Rabbinden gelen bir mektubu merak etmez mi hiç?)* yüce Rabbimiz bazı ayetlerde kötü kararlar verip kötü davranışlarında ısrar edenleri alnından tutup cezalandırmakla tehdit eder.

'Andolsun, eğer vazgeçmezse muhakkak onu alnından; o yalancı, günahkâr alnından yakalarız.' (Alak:15)

'Suçlular simalarından tanınırlar da, alınlarından ve ayaklarından yakalanırlar.' (Rahman:41)

Bunun nedeni, karar merkezimizin alnımızda

bulunmasıdır. Yani bu ayetlerde Rabbimiz adeta der ki, *'Prefrontal korteksinle aldığın tüm kararlardan sorumlusun. Kötü kararlarının sonucu kötü olur. İyi kararların seni Cennete götürür.'*

Yani bir karar veriyorsan arkasında duracaksın arkadaş! Yok öyle suçu prefrontal kortekse atıp kaçmak!

Şimdi gelelim namaz mevzuuna.

Biliyorsun ki namaz kılarken secde ederiz. Secde etmek, 'Allah'ım, benim Rabbim sensin. Senin huzurunda eğiliyorum. Sana teslimim' demektir. Secdenin şartlarından biri de alnımızı tam olarak seccadeye değdirmektir.

Alnımızda ne vardı?

Prefrontal korteks...

O zaman secdede Rabbimize neyi eğmiş ve teslim etmiş olduk?

Kararlarımızı...

Secde ettiğin her defa sadece üç kere, 'Sübhanerabbiye'l-a'lâ' demiyorsun aslında. Tamam, dilin onu diyor, 'En yüce olan Rabbim! Sen her türlü eksiklikten uzaksın' diyorsun ama hareketinle,

'Allah'ım! Prefrontal korteksimi sana eğdim. Karar verirken yalnız senin rızanı gözetirim. Senin 'doğru' dediğin yoldan gitmek için gayret ederim' demiş oluyorsun.

O zaman karşına bir deyim çıkıyor: *'Alın aklığı...'*

116

Yaptığın işlerden, aldığın kararlardan utanç duymamanın huzurunu yaşıyorsun.

Rabbim hepimizin alnını ak, prefrontal korteksimizi pak eylesin.

Buyurun secdeye...

Neden Namaz Kılmalıyım

Vol. 7: 'Koccaman Sebepler'

Hayatımız boyunca pek çok sorumluluk alırız. Pek çok görevimiz ve işimiz olur. Bazılarından biraz sıkılırız ve mecbur olduğumuz için yaparız. Bazıları çokkkkk eğlencelidir, koşa koşa, mutlulukla yaparız. Bazı işleri ise yapmayı isteriz ama yaşımız müsaade etmediği için annemiz izin vermez. Gıcık oluruz.

'Neden yaaa neden?! Büyüdüm ben, koca çocuk oldum! Neden yapamazmışım?' deriz.

Annemizin bir şeyi yapmamıza izin vermiyor olması bizi gıcık etmek için değildir aslında. Bizi o işi yapmaya henüz yeterli görmediğindendir.

Bir yaşındayken bıçağın nasıl da parlak, kımıl kımıl, janjanlı göründüğünü fark edip elimize almak, dokunmak isteyebiliriz. Ama bir yaşındaki halimiz kendimize zarar vermeden bıçağı tutmaya henüz müsait değildir. Bu yüzden annemiz izin vermez.

Beş yaşındayken beş çizgi filmi üst üste izlemek, hatta anneannemizin takip ettiği Hint dizilerindeki aşk sahnelerine kilitlenmek geçebilir içimizden. Ama ne televizyon başında o kadar uzun kalmak, ne de o tarz sahnelere bakmak o yaş için uygundur. Sonuç ne

118

olur? Annemiz izin vermez, 'Cık' der. *'Olmaz!'*

9 yaşındayken 'Anneaaaa, Sebahat'in de cep telefonu var ama, hem de afyon t-x-q marka! Bana da alalım mı anneaa! N'olur yaaa!' diyor olabilirsin. Ama annen bilmem kaç bin liralık o telefonu alıp cebine koymanın sana iyilik değil kötülük olacağını bilir ve olmaz der. *'Daha yaşın uygun değil, biraz daha büyü...'*

'Büyümek' bi yönüyle öyle tatlı bir şeydir ki, daha önce yapmana izin verilmeyen, 'o daha çocuk, yapmasa da olur,' denilen, kale alınmadığın pek çok şeyi 'yapabilir' hale gelmeni sağlar. Yetişkinler âlemi birçok kararına saygı duyar, seni destekler, isteklerini önemser ve daha önceki yıllarda yapamadığın işler birer birer *günlük yapılacaklar* listene yazılmaya başlanır.

Çünkü sen büyürken sadece elin, ayağın, kafan büyümez. Aklın, fikrin, idrakin, beynin de büyür ve gelişir. Bir yaşındayken bıçağı alıp cartttt diye elini kesebilecek cehaletteyken, 11 yaşına geldiğinde aynı bıçakla portakal soyabilecek olgunluğa erişirsin.

Bu yüzden annen daha önce vermediği pek çok şey verir eline:

Kitap verir.

Kalem verir.

Bıçak verir.

Makas verir.

Omlet yapman için yağ, yumurta, tencere verir.

'İki dakika bak kardeşine kuzummmm' der, kardeşini verir.

Bir de çok özel bi hediye verir.

Namaz!

Namaz, 'Sen artık büyüdün, maşallah!' cümlesinin ete kemiğe bürünmüş halidir. Adeta bir ağabeylik/ablalık nişanıdır. Senin kale alınır, fikri önemsenir, koccaman bir insan olduğunun tescilidir.

Büyümenin bi de manevi bir anlamı vardır. Bu anlam kişinin yaptığı işlerin büyüklüğüne bakıp, 'Vayy be bu çok büyük bi ressam!', 'Çok büyük bi yazar', 'Çok büyük bi şair!' dediğin manalardır.

Mesela alırsın eline Safahat'ı, başlarsın Mehmet Akif'in dizelerini okumaya...

'Adam aldırma da çek git, diyemem, aldırırım
Çiğnerim, çiğnenirim Hakkı tutar kaldırırım
Kanayan bir yara gördüm mü yanar taa ciğerim
Onu dindirmek için kamçı yerim, çifte yerim...'
der Akif, sen, 'Vayy be!' dersin.

'Bastığın yerleri toprak diyerek geçme, tanı!
Düşün altında binlerce kefensiz yatanı
Sen şehit oğlusun, incitme, yazıktır atanı!
Verme, dünyaları alsan da bu cennet vatanı.'
diye fısıldar kulağına, sen, 'Sen ne büyük şairsin yaa!' der gözyaşlarını tutamazsın.

Bunu derken Mehmet Akif'in boyunu, posunu, yaşını falan kastetmezsin. Kastettiğin büyüklük onun yaptığı işin büyüklüğüyle ilgilidir.

Ya da Ertuğrul Gazi'nin hayatını okuyup hayran hayran, 'İmdi hayran oldum işte! Ertuğrul Gazi ne büyük adammış' derken de kastettiğin büyüklük kılıcının, kolunun, obasının büyüklüğü değil, yaptığı işlerin büyüklüğüdür.

İşte bu bağlamda namaz büyüklere farz olduğu gibi, kişiyi büyüten bir eylemdir de.

Çünkü namaz kılınca şu dünyada yapabileceğin en büyük işi yapmış, en büyük ve değerli mertebeye çıkmış olursun: *'Kulluk...'*

Nasıl ki lise giriş sınavına uzun yıllar hazırlansan, testler çözsen, denemelere katılsan ve bu gayretin sonucunda sınavı kazanıp çokkkk iyi bir liseye kaydolsan herkes sana 'Afferin! Çok büyük bi iş başardın' derse... Aynı şekilde ömür sayfalarını namazlarınla doldursan, ahirete giriş sınavından çok yüksek puan alsan ve Cennet Bilimleri Fen Lisesine girmeye hak kazansan yine çokkkk büyük bir işi başarmış olursun.

Yani 'Neden namaz kılmalıyım' sorusunun bence çok büyük bir cevabı var.

Cennet kadar, ebedi mutluluk kadar, Cemalullah kadar büyük... Koccamannnn!

Neden Namaz Kılmalıyım

Vol. 8: 'Evrensel Sebepler'

Gözümüzü azıcık uzaya dikersek görürüz ki, evren sayısını bilmediğimiz kadar çok galaksiyi barındırıyor.

Bu galaksilerin her biri farklı boyutta. Kimisi çokkkk büyük, kimisi orta boy, kimisi daha küçük.

Bizim içinde yaşadığımız galaksinin ismi, *Samanyolu...*

Samanyolu galaksisi, orta büyüklükte bir galaksi.

Şimdi hazır ol!

Orta büyüklüğü tarif ediyorum...

Samanyolu galaksisinin içinde günümüzün teknolojik imkânlarıyla gözlenebildiği kadarıyla irili ufaklı tam yüz milyar yıldız var. 'Ammannn yıldız dediğin nedir ki? Güççücük noktalar...' diye düşünüyorsan, bu düşünceni hemen alıp Güneş'e değdir. Yansın, kül olsun, gitsin bence.

Neden?

Çünkü senin 'Güççücük' diye kale almadığın o yıldızlardan biri Güneş.

Ve orta büyüklükte bir yıldız sayılan Güneş, dünyadan 109 kat daha büyük! Orta büyüklük diyorum haa, Güneş'ten çok daha büyük yıldızlar da var Samanyolu'nun içinde. Ayrıca galaksimiz tam kapasite çalışan bir yıldız fabrikası gibi sürekli yeni yıldızlar doğurmakla meşgul.

Peki sadece yıldızlar mı var?

Yıldızlardan başka gezegenler, gaz bulutları, bulutumsular gibi farklı oluşumlar da var yine galaksimizin içinde. Ve saydığımız tüm bu varlıklar galaksimizin sadece %10'unu kaplıyor. %90'ı büyük bir boşluk ve kara deliklerden oluşuyor.

Samanyolu galaksisi o kadar büyük, o kadar büyük ki... Güneş bu galaksinin çevresindeki turunu 250 milyon yılda bir tamamlayabiliyor ancak.

Ve demin de söylediğim gibi, Samanyolu orta büyüklükte bir galaksi!

Bunun çok çok çokkkkk daha büyükleri de var!
Şimdi galaksimizden çıkıp evrene bakalım.

Henüz hepsini keşfedemediğimiz evren, bugünün imkânlarıyla görülebildiği kadarıyla 200 milyara yakın galaksiye ev sahipliği yapıyor. Yani büyüklüğü baş döndüren Samanyolunu al ve yanına 199 milyar tane daha Samanyolu ekle gibi bir evrenin içindeyiz.

Düşün ki bu evrenin içinde kaç gezegen, kaç yıldız, kaç güneş var!

Ve evrenin içindeki bütün bu galaksiler evrenimizin sadece %10'unu oluşturuyor. %90'ı bizim için bilinmezlerle dolu bir boşluk şimdilik...

Beynini bu bilgilerle yeterince yaktığıma göre, şimdi asıl meselemize gelebiliriz☺

Görebildiğimiz, bilebildiğimiz kadarı bile akla hayale sığmayan büyüklükte olan bu müthiş evrende inanılmaz bir düzen ve ölçü var.

Mesela Dünya ve Ay'ın mesafesini düşünelim. Eğer Ay Dünya'ya biraz daha yakın olsaydı yörüngemize girer ve büyük facialar yaşanabilir, ¾'ü su olan Dünyamızda tsunamiler, gelgitler olabilir, nihayetinde Dünya sulara gömülebilirdi.

Ya da Dünya Güneş'e yakın olsa yandı bitti kül oldu tekerlemesine malzeme çıkabilir, biraz uzak olsa dondurucu soğuklardan yaşam mümkün olmayabilirdi. Aynı Satürn'de ya da Uranüs'te olduğu gibi...

Dünyamızın ekseni 23.27 derecelik bir açıyla eğik olmasaydı, mesela dümdüz olsaydı mevsimler oluşmazdı. Gece ve gündüz hep eşit olur, kutuplar karanlıkta kalırdı. Şu an var olan pek çok hayvan ve bitki türü de yaşayamazdı.

Yani her şey olması gerektiği yerde, olması gerektiği konumda ve yapması gereken işi yapar vaziyette.

Ne Güneş doğudan doğmaya itiraz ediyor, ne Ay 'Bana ne ya ben Dünya'nın etrafında dönmem! Satürn daha havalı, onun etrafında döneyim' diyor, ne de Dünya 'Az hızlı döneyim de bu yıl 365 gün değil, 300 gün olsun' diye kararlar alıyor...

Tüm evren, Allah'ın 'yap' dediğini yapması gerektiği an yerine getiriyor milyarlarca yıldır...

Herkes görevini tam yaptığı için de şu koca evrende ölçü ve düzen oluyor. Biz de işte Dünya'da gül gibi yaşayıp gidiyoruz.

Peki küçücük tozlardan devasa gezegenlere, evrenin çöp sepeti gibi çalışan kara deliklerden ısı ve ışık kaynağımız olan yıldızlara kadar her varlığın, her zerrenin bir görevi olur da...

Kâinatın biriciği, göz bebeği, şeytanın azılı düşmanı insanın hiçbir görevi, Rabbinin ona 'yap' dedikleri, şu koca evrenin düzenine katkısı olmaz mı?

İşte sen her namaza durduğunda...

Tıpkı Güneş'in bizi ısıtma görevini, ayın Dünya'ya uyma görevini, gezegenlerin eliptik bir yörüngede

hareket etme görevini, Samanyolu'nun tüm bu varlıklara
ev sahipliği yapma görevini yerine getirmesi gibi...

Allah'a olan görevini yerine getiriyorsun.

Namaz kıldığın halinle, 'Rabbim yap dediyse
yaparım, bu seccadeye baş koyduk biz!' diyorsun.

Evrendeki düzenin bir parçası olup *insanlığının*
gereğini yapıyorsun.

Namaz kılmasam ne olur, diyorsun ya bazen.

Valla tüm evren senden şikâyetçi olur düzenimizi
bozdu diye.

Ben karışmam.

Sınıfın düzenini bozduğunda nasıl 'konuşanlar'
listesi yapıp tahtaya adını yazıyor arkadaşın...

Samanyolu galaksisi de 'düzen bozanlar' listesine
adını yazar, sınıftan atılırsın bak.

Yazar abla dediydi dersin sonra.

Neden Namaz Kılmalıyım

Vol. 9: 'Hijyenik Sebepler'

Gel seni dünyanın en iyi leke çıkarıcısıyla tanıştırayım.

Yalandan dedikoduya, kopya çekmekten kötü söz söylemeye tüm günah lekelerinde etkili olan bu leke çıkarıcıyı günde beş defa kalbine uygulaman gerekiyor.

Evet evet, namazdan bahsediyorum.

Aslında ben değil, Rabbimiz bahsediyor namazın bu *hijyenik* özelliğinden. Diyor ki,

'...Namaz insanı bütün kötülüklerden alıkoyar...' *(Ankebut:45)*

Güzeller güzeli Peygamberimiz (sav) de arkadaşlarına soruyor;

'Evinizin önünde dupduru bir nehir olsa ve sizler günde 5 defa orada yıkansanız kiriniz kalır mı? İşte namaz da böyledir. Allah, namazla kulunun bütün günahlarını temizler.'

Peki bu nasıl olur?

Hadi beraber düşünelim.

Okuduğun okulun belli kuralları vardır. Mesela müdürünüz seni yanına çağırsa ve 'Evladım her gün saat 9'da, 12'de, 15'te, 17'de, bir de eve gitmeden önce 18.30'da yanıma geleceksin. Bu saatler arasında ne yaptın, ne ettin bana anlatacaksın. Hatta kamera görüntüleri var birlikte izleyeceğiz,' dese, yani seni bu kadar sık denetlese kuralların dışına çıkman daha zor olur.

Neden?

Çünkü müdürüne hesap vereceksin. Huzuruna gidip, hocam şunu şunu yaptım diyeceksin. Bu yüzden tam kural dışı bir davranış yapacak olsan aklına müdür gelir ve bu düşünce seni durdurur. Neyse dersin, bunu yaparsam müdür bey kızar bana...

Tam tersi, hiçççç kontrolü olmayan, seni denetlemeyen bir okulda olsan hataya düşmen çok daha kolay olur. Ne yaparsam yapayım soran yok, karışan yok diye düşünürsün. Ve tahmin edersin ki böyle bir okulda ne düzen olur, ne huzur!

İşte namaz da seni her gün bir değil, üç değil, tam beş defa Rabbinin huzuruna çıkarır. Böylece Allah (cc) günün neredeyse her ânı aklında olur. Güzel Rabbini her daim yanında hissedersin. Böylece bir hata yapacak olsan, aklına Allah'ın gelmesi daha hızlı olur. 'Amman Rabbimin huzuruna çıkacağım, günahlardan uzak durayım' dersin. Çünkü çok güzel bir sözde denildiği gibi,

'Aklında Allah olanın, kalbinde iyilik olur.'

Gerçi böyle bi söz yok haa, şimdi ben uydurdum. Atasözü olarak kaydedebilirsin defterine. İleride meşhur olursa, 'Ben bu sözü söyleyen atayı tanıyorum' dersin, havan olur.

Sadece bu mu peki?

Tabii ki değil.

Diyelim bi hata yaptın.

İnsansın, bu çok doğal. Hepimiz hata yaparız.

Yaptığımız hatalar kalbimizin bembeyaz sayfalarına küçük siyah noktalar bulaştırır. Ve ne yazık ki siyah nokta temizleyen yüz bantları günah noktalarını temizlemeye yaramaz. Ne kadar çok hata eder, günah işlersek kalbimiz o derece siyah noktalarla dolar. Kalp karardıkça ruhumuz huzursuz olur. Kendini kötü, keyifsiz, hayata karşı isteksiz, mutsuz hissedersin.

Eğer namaz kılıyorsan işler değişir.

Çünkü şu müthiş müjdeyi alır, ennnn etkili leke çıkarıcı olarak kalbine sürersin:

'Gündüzün iki tarafında, gecenin gündüze yakın saatlerinde namaz kıl. Şüphesiz namaz günahları silip giderir.' (Hud:112)

Bunu kim diyor?

Rabbimiz.

Yani namaz kılanların günahlarını affedeceğim diyor Allah.

Bak sonra Peygamberimiz (sav) bu ayeti hangi cümlelerle anlatıyor bize:

'Bir gün bir adam Peygamberimizin (sav) yanına gelip günah işlediğini söyler ve cezasını ister. Peygamberimiz (sav) adama cevap vermez. Adam bi daha, sonra bi daha sorar. Adamın ısrarı üzerine güzel Peygamberimiz (sav):

— Evden çıkarken güzelce abdest almadın mı, der.

— Aldım, der adam.

— Peki bizimle namaz kılmadın mı, diye sorar Peygamberimiz (sav).

— Kıldım, diye cevap verir adam.

Adamın bu cevabı üzerine Peygamberimiz (sav) şu 'Yaşasınnnnnn!' etkili cümleyi kurar:

— O zaman Allah senin günahlarını affetti!

Yani neymiş?

Günde beş defa namaz kıldın, silindi mi bütün günahların?

Tertemiz, pir-ü pak, çiçekler gibi oldu mu kalbin?
İşte sana misler gibi bir kalp temizleyici.
Bol bol kullan.
Ferahlarsın.

Neden Namaz Kılmalıyım

Vol. 10: 'Psikolojik Sebepler'

Tarih boyunca insanlar hep bir şeylere tapındılar.

Akıllı olanları tek olan Allah'a, henüz aklını doğru kullanamamış olanlar öküze, ineğe, helvaya, ateşe, paraya, puta, çula çaputa inandılar.

Neye inandıkları bir yana, 'bir şeye inanmak ve tapınmak' hep vardı.

'Ben ateistim. Yani Allah'a inanmam. Bence Allah diye bir şey yok. Kâinat kendi kendine oldu. Kimse yaratmadı' diye iddia eden kişiler tarih boyu çok az olmakla birlikte, onlar bile farkında olmadan Allah'ı onaylayacak tezler ileri sürdüler. Çünkü bir şeyin yokluğunu ispat etmeye çalışmak, zaten onun var olduğu gerçeğinin bir yalanlaması olmak zorundaydı. Bir şeye 'yok' demek için, önce 'var' olduğu ihtimalini düşünmek zorundaydın.

Adına ister Allah densin, ister Tanrı, ister Buda ya da kutsal ruh veya Gök Tengri, insanlar insanlık tarihi boyunca kendilerinden daha yüce bir varlığın 'var' olduğuna inandılar ve belli ritüellerle ona tapındılar.

Çünkü **buna ihtiyaçları vardı...**

Bu ihtiyaç neden mi vardı?

Çünkü aciz olduklarını biliyorlardı.

Şöyle anlatayım.

Sonbahar gelip sarı sarı yapraklar birer konfeti şöleni gibi yollara dökülmeye başladığında, yola dökülüp gelen bir şeyler daha vardır: *Hastalıklar!*

Küçücük, minnacık, gözle görülmeyen mikrop milleti soğuk havaları pek sever çünkü. Neden? İnsan vücudu soğuğa maruz kalıp kendini ısıtmak için normalden fazla efor sarf edince yorulur, bağışıklığı düşer ve mikrop saldırılarına açık hale gelir. İşte bu yüzden sonbaharın gelmesi ve havaların soğumaya başlaması okul formasının kolundaki sümük lekelerinin de habercisi olur!

Şimdi düşün, kerli ferli, koskoca insan olan, kâinatın halifesi, en donanımlı, en akıllı varlığı olan sen bir yönünle minnacık bir mikroba bile yenilebilecek acizliktesin.

Ve bunu bal gibi biliyorsun!

Daha doğduğun an her şeye muhtaç bir bebek olarak yaratıldığının, anneni ve babanı en güçlü sandığının, ama büyüdükçe onların da gücünün sınırlı olduğunu anladığının, hayat boyu pek çok derdin, problemin, hastalığın, sıkıntının karşısında nasıl da güçsüz kalabildiğinin farkındasın.

Çünkü insansın.

Aklın fikrin var çok şükür.

Küçücük mikroba yeniliyor olabilirsin, ama o küçücük mikroptan korunmak için yapabileceklerini düşünecek kapasiten de var sonuçta.

İşte bu akıl seni tek bir yere götürdü hep.

Sana dedi ki, 'Bak güzel kardeşim, minnacık mikrop bile yeri gelip senden güçlü oluyorsa, dünya hayatının içinde dertler, sıkıntılar, kazalar, savaşlar, depremler, seller, sıra dayağı atan öğretmenler, gizlice oyuncağını kıran kardeşler, 'Şimdi geliyor beş kardeş hıı' diye yanağımıza el izini bırakan anneler, 'Topunuzu keserim haa' diyen komşu Hasan amcalar falan varsa... O zaman tüm bu olumsuz durumlarda sığınabileceğin, seni koruyacağına emin olabileceğin, herkesten ve her şeyden daha güçlü ve büyük bir varlığa da ihtiyacın var demektir.'

Hıh işte, kim o varlık?

Allah.

Şimdi gelelim bilimsel verilere. Dur gözlüğümü takayım da azıcık bilimsel konuşma moduma gireyim. Öhöm öhöm.

Şimdi şöyle ki, psikoloji bilimi (yani ruh sağlığımızı korumamız, mutlu olmamız, hayat enerjimizi kaybetmememiz için sürekli çalışıp ortaya veriler koyan bilim) bize der ki, 'İnsanın şu dünyada huzurlu, mutlu ve psikolojik olarak sağlıklı olması için kendinden çok daha güçlü bir varlığa inanması gerekir. Çünkü insanı mutsuz eden temel duygu yalnızlık duygusudur. İnsan, kendisine çokkkkk yakında kendini seven, koruyan, değer veren, isteklerini duyan ve karşılık veren, tüm sıkıntılarını giderebilecek bir varlığa inanırsa mutlu olabilir.'

Bizler Allah'a inandığımızda yine hasta oluruz. Ama en zorlu hastalıkların bile boşa gitmediğini, bu süreçlerde Allah'ın bize sevap verdiğini, hastalığımızı geçirebilecek tek varlığın Allah olduğunu ve hiçbir zorlu hastalığın Allah'tan daha güçlü olmadığını bilerek mutsuzluktan korunuruz.

Allah'a inandığımızda yine problemler ve sıkıntılar yaşarız. Ama sıkıntılarımızın bile bize birer öğretmen olduğunu fark eder, onları giderirken yanımızda o sıkıntıyı giderebilecek kuvvette tek varlığın yardımı olduğunu da bilir ve huzur duyarız.

Dertlerimize, sıkıntılarımıza, hastalıklarımıza bakıp, 'Heheytttt be' deriz, 'Benim kocaman bi Rabbim var.

Sen de kendini güçlü mü sanıyorsun?'

Böylece psikolojik sağlığımızı korumuş oluruz.

İşte böylesi güçlü, kudretli, merhametli, sevgi dolu, adaletli, kuluna ilgili, dualarına cevap veren, ona şah damarından bile yakın olan bir Allah'la buluşmak, onun önünde secde etmek, ona sığınmak insana çokkkkkkk iyi gelir.

Al sana 'Neden namaz kılmalıyım' sorusuna bir cevap daha.

Rabbinin huzuruna var ki, ruh sağlığın da ersin huzura.

Namaz Kılmak İçin En Gerçek Sebep

Kitap boyunca beraberce gördük ki; biz daha dünyada yokken hatta dünyada olmamızın düşüncesi bile ortalarda gezinmiyorken, bizim bu dünyada olmamızı dileyen, bizi yaratan ve sadece bizi yaratmakla kalmayıp tüm dünya koşullarını bizim için yaratarak seferber kılan bir Rabbimiz var.

Beraberce hatırladık ki, bir elma ağacının dalından sana doğru uzanan elmalar öylesine konulmadılar oraya. Akşam sen ders çalışırken yanına meyve tabağı getirip başını okşayan anne eli misali, seni çok seven Rabbin tarafından bu dünyada aç kalmayasın diye serpiştirildiler doğaya.

Gak deyince 'su', guk deyince 'ekmek' bulabileceğin bir kainatın parçası olarak yaratıldın.

Kaşın, gözün, saçın, başın... her şeyinle bayram için hazırlanmış şıkır şıkır bir çocuk özeninde var edildin.

Çünkü sevildin.

Güzel Rabbin tarafından çok sevildin.

Kur'an'ı açıp sadece besmeleye bakmış olsan, sana 114 defa kendini **Rahman ve Rahim** olarak tarif eden yaratıcın, seni çok sevdi.

Bu yüzden defalarca 'Ben Rahman ve Rahim'im' dedi.

Kendi zatını; kullarını çok seven, çok merhamet eden, çok bağışlayan olarak tarif etti.

Yine bu yüzden ibadetlerin ardına bize iyi gelen pek çok hediye, hikmet, güzellik gizledi.

Birlikte gördük ki, bizi bu denli çok seven Rabbimiz aynı zamanda tüm kainatın tek sahibi.

O denli büyük, o denli yüce, o denli âli...

Gözümüzle bakıp 'Vayy be ne büyükmüş' diyeceğimiz dağlar, uçsuz bucaksız okyanuslar, devasa filler balinalar, gök kubbeyi delip geçen ağaçlar, milyarlarca ışık yılı ötede olan gezegenler, galaksiler, güneşler, yıldızlar hep onun sonu olmayan kudretinin eseri.

Şimdi düşünelim; insan bir ülkenin başkanına misafir olsa, ne bileyim odasına çağrılsa da, makamında karşısında dursa... En saygılı halini takınıp, en derli toplu kıyafetlerini giyecek değeri atfediyorsa, 'Şunu yap' dediğinde bu sözü 'emir' telakki edip saygıyla eğilerek 'Emredersiniz başkanım' cümlesini kuruyor ve başkanın söylediği şeyi bütün gücüyle yapmaya gayret gösteriyorsa, başkanın odasında olmayı, onunla konuşuyor olmayı nasıl bir şeref, mutluluk, ayrıcalık olarak hissediyorsa...

O zaman kendini bu denli seven, önemseyen, kendi kulu olmakla şereflendiren yüceler yücesi Rabbinin sözüne nasıl sevinir, nasıl önem verir, nasıl ayrıcalık sayar, önünde nasıl bir saygıyla eğilir, var sen düşün.

Çünkü namaz kılmak için en gerçek sebep insanın şöyle diyebilmesidir;

— *Neden namaz kılıyorsun?*

— *Çünkü canım Rabbim bana 'Namaz kıl' dedi.*

Yarın öbür gün biri yanına gelip de,

'Boş ver yaaa! Yaşlanınca kılarsın.'
'Senin kalbin temiz zaten, namaz kılmasan da olur.'
'Senin namazın kabul olmaz ki! Sen kiiim,
namaz kılmak kiiim?!'
'Amman yaa koskoca ömür! Kim her gün beş vakit
namaz kılacak şimdi? Zor iş!'
'Sen namaz kılmasan da Allah affeder.'
'Allah'ın senin namazına ihtiyacı mı var?'
'O kadar işin gücün arasında namaz kılmaya
vakit yok ki!'

...gibi cümleler fısıldarsa ona ne cevap vereceğini
artık biliyorsun.

Bu cevapları arkadaşlarına da söyle bence.
Günde 5 defa kendine de söyle.
Sonra her ezan çağrısında dön ve Rabbine şöyle de:

'ALLAH'IM BEN GELDİM!'

Ben bu kitabı yazarken hemen yanı başımda;

Tabii ki Kur'an-ı Kerim

Ve

Kütübü Sitte
Risale-i Nur
Mesnevi-i Şerif
Kalplerin Keşfi
Hadislerle İslam

kitapları duruyordu.

Belki sen de bu kitaplara göz atmak ister,

Kur'an-ı Kerim'i 'Hayat Bilgisi' kitabın yapıp
baş tacı edersin.

Yaparsın sen, akıllı çocuksun☺

Öperim güzel gözlerinden.